★ AARDMAN
CHICKEN RUN
OPERATION ·NUGGET·

DAS COOLE
HÄKELBUCH

IMPRESSUM

2023 erschienen bei
Search Press Limited
Wellwood, North Farm Road,
Tunbridge Wells, Kent TN2 3DR

CHICKEN RUN DAWN OF THE NUGGET

™/© Aardman Animations Limited, 2023
Netflix™/© Netflix. Verwendung mit Genehmigung
www.aardman.com

Text und Layout: © Search Press Ltd, 2023
Modellfotos: Mark Davison, © Search Press Ltd, 202
Alle übrigen Abbildungen:
© & TM Aardman Animations Limited, 2023

Für die deutsche Ausgabe:
Projektmanagement: Maria Möllenkamp
Übersetzung: Stephanie van der Linden
Lektorat: Stephanie van der Linden
Korrektorat: Manuela Burkhardt
Satz: Silke Schüler
Umschlaggestaltung: Regina Degenkolbe
Herstellung: Julia Hegele
Printed in China

Sind Sie mit diesem Titel zufrieden? Dann würden wir uns über Ihre Weiterempfehlung freuen. Erzählen Sie es im Freundeskreis, berichten Sie Ihrem Buchhändler oder bewerten Sie beim Onlinekauf. Und wenn Sie Kritik, Korrekturen oder Aktualisierungen haben, freuen wir uns über Ihre Nachricht an Christophorus Verlag, Postfach 40 02 09, D-80702 München oder per E-Mail an lektorat@verlagshaus.de.

Unser komplettes Programm finden Sie unter

www.christophorus-verlag.de

FSC
www.fsc.org
MIX
Papier | Fördert
gute Waldnutzung
FSC® C016973

Gewidmet
meinem Mann und meinen Kindern

Danke
dem Team von Search Press, dass sie mich beauftragt haben, dieses Häkelbuch zu schreiben. Danke an Rico Design und Sirdar für die freundliche Bereitstellung der Garne für die Projekte in diesem Buch. Und danke an meine Familie und Freunde für ihre Unterstützung.

Die Deutsche Nationalbibliothek verzeichnet diese Publikation in der Deutschen Nationalbibliografie; detaillierte bibliografische Daten sind im Internet über http://dnb.d-nb.de abrufbar.

© 2023 Christophorus Verlag in der Christian Verlag GmbH, Infanteriestraße 11a, 80797 München

Alle deutschen Rechte vorbehalten
ISBN 978-3-8410-6783-8

DAS COOLE HÄKELBUCH

10 schräge Hühner leicht gemacht

SARAH-JANE HICKS

INHALT

EINLEITUNG

Ich war begeistert, als man mich bat, dieses Häkelbuch zur Fortsetzung des Kinohits Chicken Run zu schreiben – CHICKEN RUN: OPERATION NUGGET. Mir hat es großen Spaß gemacht, die Figuren anzufertigen, mein Arbeitszimmer war einige Monate lang von gehäkelten Hühnern belagert. Dieses Buch enthält nun 11 Modelle, darunter Ginger, Rocky und ihr frisch geschlüpftes Töchterchen Molly. Es finden sich auch noch andere Mitglieder der bunten Truppe, Babs mit ihrem Strickzeug und Bunty, eine neue Figur namens Frizzle, die Ratten Nick und Fetcher und zwei Menschen, Mrs. Tweedy und Dr. Fry. Für die Modelle werden hauptsächlich einfache Häkelstiche und -techniken verwendet, sodass sie auch für Häkelanfänger geeignet sind. Wenn Sie also ein Fan des Films und der Figuren sind, Spaß am Häkeln haben und Garn so sehr lieben wie Babs und ich, dann ist dieses Buch genau das Richtige für Sie. Viel Spaß beim Häkeln!

Sarah-Jane Hicks

MATERIAL UND WERKZEUGE

Garn

Für die Modelle dieses Buches habe ich durchgehend Baumwoll-garn gewählt. Dieses verwende ich für Amigurumi-Figuren am liebsten, da sich daraus ein robuster Stoff mit schön definiertem Maschenbild ergibt. Für alle Modelle wurden Garne mit einem Knäuelgewicht von 25 g verwendet. Die kleinen Knäuel haben eine perfekte Größe, sodass wenig Reste übrigbleiben. Das Weiße der Augen wurden aus Resten von 4-fachem, weißem Baumwoll-garn gehäkelt. Auch andere Garne z. B. aus Acryl oder Wolle eignen sich, allerdings kann es sein, dass die Figuren dann durch die abweichende Dicke und Elastizität des Garns in einer anderen Größe ausfallen. Wenn Sie das angegebene Garn durch eins mit einer anderen Stärke ersetzen, denken Sie auch daran, die Nadelstärke entsprechend anzupassen.

Verwendetes Garn

Ricorumi DK von Rico Design Creative:
100 % Baumwolle, LL = 57,5 m/25 g

Häkelnadeln

Für die Modelle dieses Buches werden Häkelnadeln der Stärke 2,5 mm und 2 mm verwendet. Wenn Sie den Eindruck haben, dass Ihre Maschen ein wenig zu locker oder zu fest ausfallen, wechseln Sie zu einer kleineren oder größeren Nadel. Häkelna-deln gibt es aus verschiedenen Materialien. Wählen Sie Ihre Häkelnadeln so, dass Sie sie gerne in die Hand nehmen und sie sich bequem halten lassen.

Andere Materialien und Werkzeuge

Die Modelle werden mit **Bastelwatte aus Polyester** gefüllt, die weich, sauber und gut waschbar ist. Verwenden Sie recycelte Füllwatte aus Polyester oder, wenn es Ihnen lieber ist, eine Füllung aus natürlicher Wolle, die hypoallergen und biologisch abbaubar ist.

Silbernes Lamé-Garn für einige Details, z. B. Dr. Frys Brille oder Nicks Reißverschluss.

Zahnstocher werden für Babs' Stricknadeln verwendet. Sie können mit einer Küchenschere leicht gekürzt werden.

Garnnadel zum Zusammennähen der Projekte und zum Einweben der Fadenenden.

Manchmal wird das Baumwollgarn dazu in einzelne Stränge geteilt und mit einer **Sticknadel** aufgestickt. Alternativ kann auch **Stickgarn** dazu verwendet werden.

Stecknadeln zum vorläufigen Feststecken der Teile vor dem Zusammennähen.

Stickschere zum Abschneiden der Enden dicht an den Häkelmaschen.

Maschenmarkierer erleichtern das Arbeiten in Spiralrunden, um dabei den Rundenübergang zu markieren.

BESONDERE MASCHEN UND HÄKELTECHNIKEN

Einige Häkeltechniken, die beim Nacharbeiten
der Modelle im Buch hilfreich sind.

Abkürzungen

arb	arbeiten
DStb	Doppelstäbchen
fM	feste Masche(n)
Hinr	Hinreihe(n)
hStb	halbe(s) Stäbchen
Kettm	Kettmasche(n)
Luftm	Luftmasche(n)
Luftm-Kette	Luftmaschenkette
M	Masche(n)
Rückr	Rückreihe(n)
Stb	Stäbchen
wdh	wiederholen

2 M zus abm einfache Abnahme (2 Maschen zusammen
abmaschen):
Nacheinander in die nächsten beiden
Maschen einstechen und jeweils den Faden
holen und durchziehen (= 3 Schlingen auf der
Nadel), dann den Faden erneut holen und
durch alle 3 Schlingen ziehen.

3 M zus abm doppelte Abnahme (3 Maschen zusammen
abmaschen):
Nacheinander in die nächsten 3 Maschen
einstechen und jeweils den Faden holen und
durchziehen (= 4 Schlingen auf der Nadel),
dann den Faden erneut holen und durch alle
4 Schlingen ziehen.

(…) 3x arb Den Term in den Klammern so oft wie
angegeben arbeiten.

(…) in 1 M Den Term in den Klammern in eine Masche
arbeiten.

* …, ab * noch 3x wiederholen
Den Term zwischen den Sternchen so oft wie
angegeben wiederholen.

Fadenspannung (Maschenprobe)

Wie fest sie gehäkelt werden, ist bei den Modellen nicht wirklich wichtig. Sie sollten aber so dicht gearbeitet werden, dass die Füllung später zwischen den Maschen nicht durchscheint. Denken Sie aber daran, dass abweichende Maschenproben und Modellgrößen dazu führen können, dass Sie mehr oder weniger Garn benötigen, als in der Anleitung angegeben ist. Sie können die Figuren leicht vergrößern oder verkleinern, indem Sie andere Garnstärken verwenden oder die Nadelstärke ändern.

Arbeiten in der Runde

Ich beginne eine Arbeit in Runden gerne an der ersten richtigen Masche einer Luftmaschenkette, bei einer Kette aus 2 Luftmaschen häkle ich die feste Maschen der erste Runde also in die zweite Masche von der Nadel aus. Die einzelne, ausgelassene Luftmasche dient als kleine Sicherheitsschlaufe. Diese Methode arbeite ich für Amigurumi am liebsten. Die Projekte in diesem Buch werden überwiegend aus festen Maschen in Spiralrunden gearbeitet, wenn nichts anderes beschrieben wird.

Farbwechsel

Der Übergang beim Farbwechsel fällt besonders schön aus, wenn die letzte Masche bereits in der neuen Farbe abgemascht, also der letzte Umschlag der letzten Masche bereits in der neuen Farbe gearbeitet wird.

1. Für die letzte Masche mit der Nadel einstechen, den Faden in der alten Farbe um die Nadel legen und durchziehen = 2 Schlingen auf der Häkelnadel. Dann den Faden der neuen Farbe um die Nadel legen.
2. Den Faden durch die beiden Schlingen ziehen = 1 Schlinge in der neuen Farbe auf der Häkelnadel.
3. In der neuen Farbe weiterarbeiten. Schon ist der Farbwechsel abgeschlossen.

Mehrfarbig häkeln

Um eine Partie mit mehreren Farben zu arbeiten, wie z. B. bei den Mündern, die Farbe, die beim Häkeln gerade nicht verwendet wird, nicht abschneiden, sondern locker auf der Rückseite oder Innenseite der Arbeit mitführen. Beim Farbwechsel die neue Farbe dann bereits zum Abmaschen der letzten Masche wieder in Arbeit nehmen.

Unsichtbare Abnahme

Bei einigen Projekten habe ich neben den üblichen Abnahmen (**2 M zus abm**) auch unsichtbare Abnahmen verwendet, die wie folgt gearbeitet werden:

1. In das vordere Maschenglied der 1. Masche, dann in das vordere Maschenglied der 2. Masche einstechen.
2. Den Faden um die Nadel legen.
3. Den Faden durch die ersten beiden Schlingen ziehen = 2 Schlingen auf der Häkelnadel.
4. Den Faden erneut um die Nadel legen.
5. Den Faden durch beide Schlingen ziehen. Schon ist die unsichtbare Abnahme fertig.

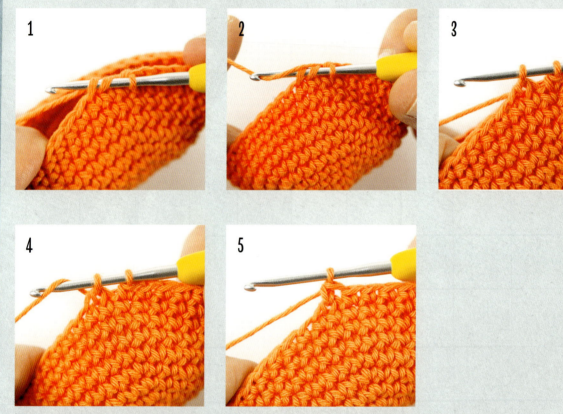

Um diese Methode auch bei einer doppelten Abnahme anzuwenden, im 1. Schritt nacheinander jeweils in das vordere Maschenglied der ersten 3 Maschen einstechen, bevor dann die übrigen Schritte wie beschrieben ausgeführt werden.

Ich habe in der Anleitung jeweils angegeben, wo sich unsichtbare Abnahmen meiner Meinung nach anbieten. Es ist aber eine Frage des Geschmacks, ob Sie diese Methode dort auch anwenden möchten.

Kettmaschen (Kettm) in die Schlingen auf der Rückseite einer Luftmaschenkette

Normalerweise wird die Nadel beim Häkeln in eine Luftmaschenkette auf der Vorderseite unter der oberen Schlinge oder unter den oberen beiden Schlingen eingestochen. Für eine schönere Kante wird nun aber stattdessen unter den Querschlingen auf der Rückseite eingestochen.

1. Um Kettmaschen in die Rückseite der Luftmaschenkette zu häkeln, zunächst eine Luftmaschenkette in der gewünschten Länge anschlagen.
2. Die Luftmaschenkette mit der Rückseite nach vorne drehen, sodass die hinteren Querschlingen zu sehen sind.
3. Die Häkelnadel unter der Querschlinge hinter der in der Anleitung beschriebenen Masche einstechen, z. B. „in die 2. M ab der Nadel".
4. Den Faden um die Nadel legen.
5. Die Schlinge durchziehen.
6. Die neue Masche anziehen und mit der nächsten Masche fortfahren.

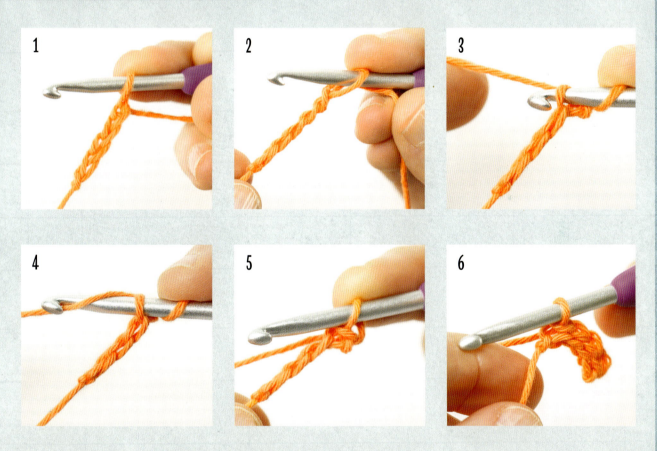

Öffnungen schließen und Fadenenden vernähen

1. Wenn das Häkelteil ausreichend fest gefüllt ist, das Fadenende auf eine Garnnadel fädeln und die Nadel unter den beiden Maschengliedern der ersten Masche durchstechen.
2. Die Nadel durchziehen.
3. Diese Schritte an allen Maschen wiederholen.
4. Wenn das Ende erreicht ist, leicht am Faden ziehen, um die Öffnung zu schließen.
5. Dann die Nadel durch die Mitte der geschlossenen Maschen ein- und an der Seite des Häkelteils wieder ausstechen.
6. Den Faden mit einer Schere so dicht wie möglich an den Maschen abschneiden. Schon ist das Fadenende sicher im Inneren versteckt.

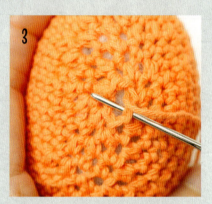

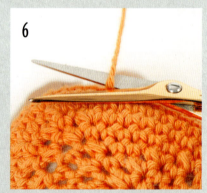

Zusammennähen

Die Teile, die zusammengenäht werden sollen, zunächst positionieren und feststecken. Dazu am besten an den Fotos und der Anleitung orientieren. Vor dem Annähen prüfen, ob die Position so gefällt. Stecknadeln sind dabei sehr hilfreich.

SCHNABEL

1. Mit einer Garnnadel und möglichst dem langen Fadenende arbeiten. Wenn nichts anderes beschrieben ist, möglichst immer durch die beiden Maschenglieder stechen.
2. Um das Stück herum oder daran entlang arbeiten, um es zu fixieren, ohne dabei die Form zu verziehen.
3. Die Nadel mit dem letzten Stich auf der Rückseite des Hauptteils wieder ausstechen.
4. Das Garn so dicht wie möglich an der Oberfläche abschneiden, sodass die Enden im Inneren verschwinden.

KOPF AN DEN KÖRPER

Die vordere Mitte des Kopfes genau mittig auf den Körper setzen. Die Schritte 1 bis 4 ausführen, dabei den Kopf durch die unbehäkelten Maschenglieder zwischen den Runden an den Körper nähen, z. B. „jeweils durch die unbearbeiteten hinteren M-Glieder zwischen der 16. und 17. Runde des Kopfes und durch die unbearbeiteten vorderen M-Glieder zwischen der 2. und 3. Runde des Körpers nähen".

FLÜGEL

Die Flügel wie in der Anleitung beschrieben positionieren, z. B. „eine Runde unter der Naht zwischen Kopf und Körper an den Körper". Dann die Schritte 1 bis 4 von Seite 15 ausführen, um die obere Kante des Flügels jeweils durch beide Maschenglieder an den Körper zu nähen.

BEINE

Die Hühner haben alle eine sitzende Körperhaltung. Die Beine dazu wie in der Anleitung beschrieben positionieren, z. B. „ mit 8 M Abstand 16 Runden unter der Naht zwischen Kopf und Körper an die Vorderseite des Körpers". Dann die Schritte 1 bis 4 von Seite 15 ausführen, um die Beine durch die Schlingen der Luftmaschenkette des Anschlags jeweils durch beide Maschenglieder an den Körper zu nähen.

Häkeln und Annähen der Augen

Das Weiße der Augen wird aus weißem Baumwollgarn gearbeitet. Für die Hühner und die Ratten ein etwas dünneres Garn und eine Häkelnadel 2 mm verwenden und für die Menschen und Molly als Küken mit dem üblichen Ricorumi Häkelgarn und einer Häkelnadel 2,5 mm arbeiten. Die Position der Augen wird bei jedem Modell beschrieben, z. B. „Die Augen zwischen die 4. und 5. Runde des Kopfes und nahe beieinander annähen.".

1. 4 Luftmaschen anschlagen und mit einer Kettmasche zur Runde schließen. Die Arbeit beenden, das Fadenende lang genug zum Annähen lassen.
2. Die Position des Auges am fertig ausgestopften Kopf suchen, das Auge mit dem Fadenende an der in der Anleitung beschriebenen Stelle annähen und die Sticknadel hinten am Kopfes mit dem letzten Stich wieder ausstechen. Dann das Garn so nah wie möglich an der Oberfläche abschneiden und das zweite Augen ebenso annähen.
3. Mit der Sticknadel und schwarzem Baumwollgarn von der Rückseite des Kopfes her genau durch die Mitte des ersten Auges ausstechen. Dort einen Knötchenstich sticken (siehe Seite 112), für den das Garn nach dem Ausstechen zweimal um die Nadel gewickelt und ganz nah an der Ausstichstelle wieder eingestochen wird. Dann die Nadel hinten am Kopf wieder ausstechen. Das Garn so nah wie möglich an der Oberfläche abschneiden. Die Pupille beim zweiten Augen ebenso arbeiten.

Details mit Kettenstich aufsticken

Die Lippen rings um den Mund sowie einige Details bei Dr. Fry werden mit Kettenstichen aufgestickt.

1. Die Nadel mit dem eingefädelten Faden von der Rückseite aus genau am Ausgangspunkt der Stickerei ausstechen.
2. Die Nadel in dieselbe Masche wieder ein- und durch die nächste Masche wieder ausstechen, dabei den Faden hinter der Nadel entlangführen.
3. Den Faden durchziehen, sodass sich ein Kettenstich bildet. Die Schritte 2 und 3 stets wiederholen.
4. Einen kleinen Steppstich über den letzten Kettenstich setzen und die Nadel an der Rückseite des bestickten Teils wieder ausstechen. Den Faden so dicht wie möglich an der Oberfläche abschneiden und die Fadenenden ins Innere ziehen.

Für andere Details habe ich einfache Spann- oder Rückstiche verwendet. Wenn es in der Anleitung angegeben ist, das Garn in Einzelfäden aufspleißen, um damit die Details zu sticken. Die Einzelfäden nicht zu fest anziehen, damit sich das zu besticken- de Teil nicht verzieht. Solange die Fadenenden noch nicht vernäht sind, können die Stiche für die Details ausprobiert und noch verändert werden, bis die gewünschte Position gefunden wurde. Dann die Fadenenden vernähen und wie zuvor im Inneren verbergen.

Kettmaschen aufhäkeln

Die Federdetails rund um die Beine der Hühner habe ich mit Kettmaschen aufgehäkelt.

1. Die Häkelnadel am Anfangspunkt unter einer Masche durchstechen und den Faden um die Nadel legen.
2. Den Faden durchziehen.
3. Den Faden um die Nadel legen.
4. Durchziehen und die Kettmasche fertigstellen.
5. So viele Luftmaschen häkeln, wie in der Anleitung angegeben.
6. Die Häkelnadel unter der nächsten Masche durchstechen.
7. Diese Schritte stets wiederholen, dann mit einer Kettmasche enden.
8. Die Arbeit beenden und die Fadenenden ins Innere ziehen.

GINGER

DIE UNANGEFOCHTENE CHEFIN DER HÜHNERSCHAR UND GANZ VORNE IM KAMPF UM FREIHEIT.

Material

- Rico Design Creative Ricorumi dk (100 % Baumwolle, LL = 58 m/25 g): 25 g in Orange und jeweils ein Rest in Schwarz, Weiß, Gelb, Rot, Grün und Hellgelb
- Füllwatte

Nadeln

- eine Häkelnadel 2,5 mm

Größe

- ca. 14,5 cm hoch, sitzend

Anleitung

Kopf (unsichtbare Abnahmen arb – siehe Seite 11)
2 Luftm in Orange anschlagen.
1. Runde: 7 fM in die 2. M ab der Nadel = 7 M.
2. Runde: 2 fM ringsum in jede M = 14 M.
3. – 6. Runde: 1 fM ringsum in jede M.
7. Runde: 2 fM, (2 fM in 1 M) 2x arb, (1 fM in Orange, 1 fM in Schwarz) in 1 M, 1 fM in Schwarz, (2 fM in 1 M) 2x in Weiß, 1 fM in Schwarz, (1 fM in Schwarz, 1 fM in Orange) in 1 M, (2 fM in 1 M) 2x arb, 2 fM = 22 M.
8. Runde: 7 fM in Orange, 8 fM in Weiß, 7 fM in Orange.
9. Runde: 2 fM, 2 M zus abm, 3 M zus abm, 2 M zus abm, 4 fM, 2 M zus abm, 3 M zus abm, 2 M zus abm, 2 fM = 14 M.
10. Runde: 3 fM, 2 M zus abm, 4 fM, 2 M zus abm, 3 fM = 12 M.
Mit dem Füllen des Kopfes beginnen.

HINWEIS
Die Hühner haben eine sitzende Körperhaltung.

11. – 14. Runde: 1 fM in jede M.
15. Runde: (3 fM, 2 fM in 1 M) 3x arb = 15 M.
16. Runde: (4 fM, 2 fM in 1 M) 3x arb = 18 M.
17. Runde: Alle M dieser Runde in das vordere M-Glied arb: (5 fM, 2 fM in 1 M) 3x arb = 21 M.
18. Runde: (6 fM, 2 fM in 1 M) 3x arb = 24 M.
19. Runde: * 2 Luftm, 1 Kettm in die 2. Luftm ab der Nadel, 1 fM, ab * noch 22x wdh, 2 Luftm, 1 Kettm in die 2. Luftm ab der Nadel, 1 Kettm in die letzte M.
Die Arbeit beenden und die Fadenenden vernähen.

Körper

2 Luftm in Orange anschlagen.

1. Runde: 9 fM in die 2. M ab der Nadel = 9 M.

2. Runde: 2 fM in jede M = 18 M.

3. Runde: Alle M dieser Runde nur in das hintere M-Glied arb: (5 fM, 2 fM in 1 M) 3x arb = 21 M.

4. Runde: (6 fM, 2 fM in 1 M) 3x arb = 24 M.

5. Runde: 1 fM in jede M.

6. Runde: (7 fM, 2 fM in 1 M) 3x arb = 27 M.

7. Runde: 1 fM in jede M.

8. Runde: (8 fM, 2 fM in 1 M) 3x arb = 30 M.

9. Runde: 1 fM in jede M.

10. Runde: (1 fM, 2 fM in 1 M) 4x arb, 22 fM = 34 M.

11. Runde: 12 fM, die folgenden M nur in das vordere M-Glied arb: (1 fM, 2 fM in 1 M) 4x arb, nun wieder in beide M-Glieder einstechen: 6 fM, die 3. M der letzten 6 M mit einem offenen Maschenmarkierer oder einem Faden markieren, der sich später leicht wieder entfernen lässt = vordere Mitte des Körpers, die folgenden M in das vordere M-Glied arb: (1 fM, 2 fM in 1 M) 4x arb = 42 M.

12. Runde: 12 fM, (2 fM, 2 fM in 1 M) 3x arb, 12 fM, (2 fM, 2 fM in 1 M) 3x arb = 48 M.

13. – 17. Runde: 1 fM in jede M.

18. Runde: 12 fM, (2 fM, 2 M zus abm) 3x arb, 12 fM, (2 fM, 2 M zus abm) 3x arb = 42 M.

19. Runde: 1 fM, 2 M zus abm, 6 fM, (1 fM, 2 M zus abm) 5x arb, 6 fM, (1 fM, 2 M zus abm) 4x arb = 32 M.

20. Runde: 10 fM, (2 M zus abm) 4x arb, 6 fM, (2 M zus abm) 4x arb = 24 M.

Mit dem Füllen des Körpers beginnen.

21. Runde: (2 fM, 2 M zus abm) 6x arb = 18 M.

22. Runde: (1 fM, 2 M zus abm) 6x arb = 12 M.

23. Runde: (2 M zus abm) 6x arb = 6 M.

Die Arbeit beenden, den Körper vollständig füllen, die Öffnung schließen und die Fadenenden vernähen.

Schnabel

2 Luftm in Gelb anschlagen.

1. Runde: 4 fM in die 2. M ab der Nadel = 4 M.

2. Runde: (1 fM, 2 fM in 1 M) 2x arb = 6 M.

3. Runde: 1 fM in jede M.

4. Runde: (2 fM, 2 fM in 1 M) 2x arb = 8 M.

Die Arbeit beenden, das Fadenende lang genug zum Annähen lassen.

Kamm

4 Luftm in Rot anschlagen. Nun in die Schlingen auf der Rückseite der Luftm-Kette arb: 1 Kettm in die 2. Luftm ab der Nadel, 2 Kettm, 3 Luftm, 1 Kettm in die 2. M aber der Nadel, 1 Kettm, 1 Kettm in die 1. Luftm.

Die Arbeit beenden, das Fadenende lang genug zum Annähen lassen.

Flügel (2x)

2 Luftm in Orange anschlagen.

1. Runde: 7 fM in die 2. M ab der Nadel = 7 M.

2. Runde: 2 fM in jede M = 14 M.

Oberer Flügel

3. Runde: 7 fM, 7 M auslassen = 7 M.

4. – 6. Runde: In die 7 eben behäkelten M: 1 fM in jede M = 7 M.

7. Runde: 2 M zus abm, 5 fM, mit 1 Kettm in die 1. M zur Runde schließen = 6 M.

Den oberen Flügel flach zusammenlegen und nun durch die M beider Lagen arb: 1 Luftm, 3 fM = 3 M.

Die Arbeit beenden, das Fadenende lang genug zum Annähen lassen.

Unterer Flügel

3. Runde: Mit 1 Kettm in Orange an der 1. unbehäkelten M der 2. Runde anschlingen und 1 fM in jede der unbehäkelten M = 7 M.

4. – 7. Runde: In die eben behäkelten 7 M: 1 fM in jede M. Den Flügel füllen.

8. Runde: 1 Kettm, 3 Luftm, 1 fM in die 3. Luftm ab der Nadel, 1 Kettm in die 1. Kettm. Den Flügel flach zusammenlegen und nun durch die übrigen M beider Lagen arb: 3 Luftm, 1 fM in die 2. M ab der Nadel, 1 fM, 1 Kettm in die 1. M, * 3 Luftm, 1 fM in die 2. M ab der Nadel, 1 fM, 1 Kettm, ab * noch 1x wdh.

Die Arbeit beenden, die Naht in der Ellenbeuge schließen.

Bein (2x)

5 Luftm in Gelb anschlagen, mit 1 Kettm in die 1. Luftm zur Runde schließen.

1. Runde: 1 fM in jede M = 5 M.

2. – 9. Runde: 1 fM in jede M.

10. Runde: 1 Kettm, * 4 Luftm, 1 fM in die 2. M ab der Nadel, 2 fM, 1 Kettm in die nächste M, ab * noch 2x wdh, 1 Kettm in die nächste M, 3 Luftm, 1 fM in die 2. M ab der Nadel, 1 fM, 1 Kettm in die 1. Kettm.

Die Arbeit beenden und die Fadenenden vernähen, nur den Anfangsfaden lang genug zum Annähen übriglassen.

Schwanzfedern

In Orange * 5 Luftm, in die Schlingen auf der Rückseite der Luftm-Kette arb: 1 Kettm in die 2. Luftm ab der Nadel, 3 Kettm, ab * noch 5x wdh, mit 1 Kettm in die 1. Luftm zur Runde schließen.
Die Arbeit beenden, das Fadenende lang genug zum Annähen lassen.

Hut

2 Luftm in Grün anschlagen.

1. Runde: 5 fM in die 2. M ab der Nadel = 5 M.

2. Runde: 2 fM in jede M = 10 M.

3. Runde: (1 fM, 2 fM in 1 M) 5x arb = 15 M.

4. Runde: (4 fM, 2 fM in 1 M) 3x arb = 18 M.

5. Runde: 1 fM in jede M.

6. Runde: (5 fM, 2 fM in 1 M) 3x arb = 21 M.

Die Arbeit beenden und die Fadenenden vernähen.

Schal

23 M in Hellgelb anschlagen, 1 fM in die 2. M ab der Nadel, 1 hStb, 1 fM, 1 Kettm, 2 fM, 1 hStb, 2 Stb, 2 Stb in 1 M, (2 DStb in 1 M) 2x arb, 2 Stb in 1 M, 2 Stb, 1 hStb, 2 fM, 1 Kettm, 1 fM, 1 hStb, 1 fM, 1 Kettm in dieselbe Luftm wie die letzte fM.
Die Arbeit beenden und die Fadenenden vernähen.

Fertigstellen

Den Kopf fertig ausstopfen. Mit Gelb Kettenstiche rings um den Mund aufsticken. Mit einem einzelnen Faden in Schwarz für die Zähne kleine Spannstiche um die Maschen im Mund herumsticken. Den Schnabel an die 6. Runde des Kopfes nähen und die Augen wie im Abschnitt *Besondere Maschen und Häkeltechniken* auf Seite 17 beschrieben häkeln, dabei die Augen an der 4. Runde des Kopfes dicht nebeneinander annähen. Den Kamm in der vorderen Mitte des Kopfes zwischen der 1. und 2. Runde annähen. Den Rand des Hutes umbiegen und den Hut hinter dem Kamm an den Kopf nähen.

Den Kopf an den Körper nähen, dabei die vordere Mitte von Kopf und Körper genau aufeinandersetzen und jeweils durch die unbearbeiteten hinteren M-Glieder zwischen der 16. und 17. Runde des Kopfes und durch die unbearbeiteten vorderen M-Glieder zwischen der 2. und 3. Runde des Körpers nähen.

Die Flügel eine Runde unter der Naht zwischen Kopf und Körper an den Körper nähen. Gingers Beine für eine sitzende Position mit 8 M Abstand 16 Runden unter der Naht zwischen Kopf und Körper an die Vorderseite des Körpers annähen. Vor dem Annähen prüfen, ob die Position so gefällt.

Mit den Beinen nach hinten und dem Körper nach oben rings um die Ansatznaht jedes Beins auf den Körper einen Kettm-Ring aufhäkeln: In Orange mit 1 Kettm an einer M direkt neben dem angenähten Bein anschlingen, * 2 Luftm, 1 Kettm um die nächste M, ab * ringsum wdh und mit 1 Kettm enden. Die Arbeit beenden. Die Schwanzfedern in der hinteren Mitte des Körpers annähen. Den Schal um den Hals legen, mit ein paar Stichen in Hellgelb fixieren, um ihn an Ort und Stelle zu halten, und die beiden Enden des Schals vorne zu einem Knoten binden.

ROCKY

EIN EINSAMER WOLF. ER LEBT IM MOMENT UND IST EHER MACHER ALS DENKER. „ERST SCHIESSEN, DANN ZIELEN" IST SEIN MOTTO.

Material
- Rico Design Creative Ricorumi dk (100 % Baumwolle, LL = 58 m/25 g): jeweils 25 g in Mandarine und Terracotta und jeweils einen Rest in Schwarz, Weiß, Gelb, Rot, Grün, Caramel und Hellblau
- Füllwatte

Nadeln
- eine Häkelnadel 2,5 mm

Größe
- ca. 16 cm hoch, sitzend

Anleitung

Kopf (unsichtbare Abnahmen arb – siehe Seite 11)
2 Luftm in Mandarine anschlagen.
1. Runde: 7 fM in die 2. M ab der Nadel = 7 M.
2. Runde: 2 fM in jede M = 14 M.
3. – 6. Runde: 1 fM in jede M.
7. Runde: 2 fM, (2 fM in 1 M) 2x arb, (1 fM in Mandarine, 1 fM in Schwarz) in 1 M, 1 fM in Mandarine, (2 fM in 1 M) 2x arb in Weiß, 1 fM in Schwarz, (1 fM in Schwarz, 1 fM in Mandarine) in 1 M, (2 fM in 1 M) 2x arb, 2 fM = 22 M.
8. Runde: 7 fM in Mandarine, 8 fM in Weiß, 7 fM in Mandarine.
9. Runde: 2 fM, 2 M zus abm, 3 M zus abm, 2 M zus abm, 4 fM, 2 M zus abm, 3 M zus abm, 2 M zus abm, 2 fM = 14 M.
10. Runde: 3 fM, 2 M zus abm, 4 fM, 2 M zus abm, 3 fM = 12 M. Mit dem Füllen des Kopfes beginnen.
11. – 14. Runde: 1 fM in jede M.
15. Runde: (3 fM, 2 fM in 1 M) 3x arb = 15 M.
16. Runde: (4 fM, 2 fM in 1 M) 3x arb = 18 M.
17. Runde: Alle M dieser Runde in das vordere M-Glied arb: (5 fM, 2 fM in 1 M) 3x arb = 21 M.

18. Runde: (6 fM, 2 fM in 1 M) 3x arb = 24 M.
19. Runde: * 3 Luftm, 1 Kettm in die 2. M ab der Nadel, 1 Kettm, 1 fM in das vordere M-Glied, ab * noch 22x wdh, 3 Luftm, 1 Kettm in die 2. M ab der Nadel, 1 Kettm, 1 Kettm in das vordere M-Glied der letzten M.
20. Runde: Alle M in das hintere M-Glied der M der 18. Runde: * 3 Luftm, 1 Kettm in die 2. M ab der Nadel, 1 Kettm, 1 fM in das hintere M-Glied, ab * noch 22x wdh, 3 Luftm, 1 Kettm in die 2. M ab der Nadel, 1 Kettm, 1 Kettm in das hintere M-Glied der letzten M. Die Arbeit beenden und die Fadenenden vernähen.

Körper

2 Luftm in Terracotta anschlagen.

1. Runde: 9 fM in die 2. M ab der Nadel = 9 M.

2. Runde: 2 fM in jede M = 18 M.

3. Runde: Alle M dieser Runde in das hintere M-Glied arb: (5 fM, 2 fM in 1 M) 3x arb = 21 M.

4. Runde: (6 fM, 2 fM in 1 M) 3x arb = 24 M.

5. – 12. Runde: 1 fM in jede M.

13. Runde: 6 fM, (2 fM in das vordere M-Glied in 1 M) 4x arb, 8 fM, die 4. M dieser 8 M mit einem offenen Maschenmarkierer oder einen Faden markieren, der sich später leicht wieder entfernen lässt = vordere Mitte des Körpers, (2 fM in das vordere M-Glied in 1 M) 4x arb, 2 fM = 32 M.

14. Runde: 6 fM, (1 fM, 2 fM in 1 M) 4x arb, 8 fM, (1 fM, 2 fM in 1 M) 4x arb, 2 fM = 40 M.

15. – 20. Runde: 1 fM in jede M.

21. Runde: 8 fM, (1 fM, 2 M zus abm) 4x arb, 8 fM, (1 fM, 2 M zus abm) 2x arb = 32 M.

22. Runde: 8 fM, (2 M zus abm) 4x arb, 8 fM, (2 M zus abm) 4x arb = 24 M.

Mit dem Füllen des Körpers beginnen.

23. Runde: * 6 fM, (2 M zus abm) 3x arb, ab * noch 1x wdh = 18 M.

24. Runde: (1 fM, 2 M zus abm) 6x arb = 12 M.

25. Runde: (2 M zus abm) 6x arb = 6 M.

Die Arbeit beenden, den Körper fertig ausstopfen, die Öffnung schließen und die Fadenenden vernähen.

Schnabel

2 Luftm in Gelb anschlagen.

1. Runde: 4 fM in die 2. M ab der Nadel = 4 M.

2. Runde: (1 fM, 2 fM in 1 M) 2x arb = 6 M.

3. Runde: (2 fM, 2 fM in 1 M) 2x arb = 8 M.

4. Runde: 1 fM in jede M.

Die Arbeit beenden, das Fadenende lang genug zum Annähen lassen.

Kamm

In Rot * 6 Luftm, in die Schlingen auf der Rückseite der Luftm-Kette arb: 1 Kettm in die 2. Luftm ab der Nadel, 4 Kettm, ab * noch 4x wdh.

Die Arbeit beenden, das Fadenende lang genug zum Annähen lassen.

Flügel (2x)

2 Luftm in Terracotta anschlagen.

1. Runde: 7 fM in die 2. M ab der Nadel = 7 M.

2. Runde: 2 fM in jede M = 14 M.

Oberer Flügel

3. Runde: 7 fM, 7 M auslassen = 7 M.

4. – 7. Runde: In die 7 eben behäkelten M: 1 fM in jede M = 7 M.

8. Runde: 2 M zus abm, 5 fM, 1 Kettm in die 1. M zur Runde schließen = 6 M.

Den oberen Flügel flach zusammenlegen und nun durch die M beider Lagen arb: 1 Luftm, 3 fM = 3 M.

Die Arbeit beenden, das Fadenende lang genug zum Annähen lassen.

Unterer Flügel

3. Runde: Mit 1 Kettm in Terracotta an der 1. unbehäkelten M der 2. Runde anschlingen und 1 fM in jede der unbehäkelten M = 7 M.

4. – 7. Runde: In die eben behäkelten 7 M: 1 fM in jede M. Den Flügel füllen.

8. Runde: 1 Kettm, 3 Luftm, 1 fM in die 3. Luftm ab der Nadel, 1 Kettm in die 1. Kettm. Den Flügel flach zusammenlegen und nun durch die übrigen M beider Lagen arb: 3 Luftm, 1 fM in die 2. M ab der Nadel, 1 fM, 1 Kettm in die 1. M, * 3 Luftm, 1 fM in die 2. M ab der Nadel, 1 fM, 1 Kettm, ab * noch 1x wdh.

Die Arbeit beenden, die Naht in der Ellenbeuge schließen.

Schwanzfedern

In Grün * 25 Luftm, 1 Kettm in die 2. M ab der Nadel, 5 Kettm, 18 fM, ab * noch 4x wdh.

Die Arbeit beenden, das Fadenende lang genug zum Annähen lassen.

Bein (2x)

5 Luftm in Caramel anschlagen, mit 1 Kettm zur Runde schließen.

1. Runde: 1 fM in jede M = 5 M.

2. – 10. Runde: 1 fM in jede M.

11. Runde: 1 Kettm, * 4 Luftm, 1 fM in die 2. M ab der Nadel, 2 fM, 1 Kettm, ab * noch 2x wdh, 1 Kettm, 3 Luftm, 1 fM in die 2. M ab der Nadel, 1 fM, 1 Kettm in die 1. Kettm.

Die Arbeit beenden und die Fadenenden vernähen, nur den Anfangsfaden lang genug zum Annähen übriglassen.

Nickituch

2 Luftm in Hellblau anschlagen.

1. Reihe: 2 fM in die 2. M ab der Nadel, wenden = 2 M.

2. Reihe: 1 Wende-Luftm (zählt nicht als M), 2 fM in jede M, wenden = 4 M.

3. Reihe: 1 Luftm, 2 fM in die 1. M, 2 fM, 2 fM in die letzte M, wenden = 6 M.

4. Reihe: 1 Luftm, 2 fM in die 1. M, 4 fM, 2 fM in die letzte M, wenden = 8 M.

5. Reihe: 1 Luftm, 2 fM in die 1. M, 6 fM, 2 fM in die letzte M, wenden = 10 M.

6. Reihe: 1 Luftm, 2 fM in die 1. M, 8 fM, 2 fM in die letzte M, wenden = 12 M.

7. Reihe: Alle M dieser Reihe in das hintere M-Glied arb: 1 Luftm, 2 fM in die 1. M, 10 fM, 2 fM in die letzte M, 5 Luftm, das Nickituch um Rockys Hals legen und mit 1 Kettm in die 1. M schließen = 14 M.

Die Arbeit beenden und die Fadenenden vernähen.

Fertigstellen

Den Kopf fertig ausstopfen. Mit Hellgelb Kettenstiche rings um den Mund aufsticken. Mit einem einzelnen Faden in Schwarz für die Zähne kleine Spannstiche um die Maschen im Mund herumsticken. Den Schnabel an die 6. Runde des Kopfes nähen. Die Augen wie im Abschnitt *Besondere Maschen und Häkeltechniken* auf Seite 17 beschrieben häkeln und an der 4. Runde des Kopfes dicht nebeneinander annähen. Den Kamm an die 1. Runde oben an den Kopf annähen.

Den Kopf an den Körper nähen, dabei die vordere Mitte von Kopf und Körper genau aufeinandersetzen und jeweils durch die unbearbeiteten hinteren M-Glieder zwischen der 16. und 17. Runde des Kopfes und durch die unbearbeiteten vorderen M-Glieder zwischen der 2. und 3. Runde des Körpers nähen. Die Flügel eine Runde unter der Naht zwischen Kopf und Körper an den Körper nähen. Rockys Beine für eine sitzende Position mit

7 M Abstand 18 Runden unter der Naht zwischen Kopf und Körper an die Vorderseite des Körpers annähen. Vor dem Annähen prüfen, ob die Position so gefällt.

Mit den Beinen nach hinten und dem Körper nach oben rings um die Ansatznaht jedes Beins auf den Körper einen Kettm-Ring aufhäkeln: In Mandarine mit 1 Kettm an einer M direkt neben dem angenähten Bein anschlingen, * 2 Luftm, 1 Kettm um die nächste M, ab * ringsum wdh und mit 1 Kettm enden. Die Arbeit beenden.

Das Büschel Schwanzfedern unten zusammennähen, dabei bei jeder Feder jeweils durch das hintere M-Glied der 5. Luftm von unten stechen. Das Federbüschel flach zusammenlegen und den unteren Teil des Schwanzfederbüschels mit den Federn nach oben in der hinteren Mitte über 4 Runden am Körper annähen. Mit Weiß Knötchenstiche als Punkte auf das Halstuch sticken (siehe Seite 112).

MOLLY (ALS KÜKEN)

ALS GINGER UND ROCKY EIN KLEINES MÄDCHEN NAMENS MOLLY AUSBRÜTEN, SCHEINT GINGERS GLÜCK VOLLKOMMEN ZU SEIN.

Material
- Rico Design Creative Ricorumi dk (100 % Baumwolle, LL = 58 m/25 g): 25 g in Gelb und jeweils ein Rest in Mandarine, Orchidee und Weiß
- Füllwatte

Nadeln
- eine Häkelnadel 2,5 mm

Größe
- ca. 10,5 cm hoch, sitzend

Anleitung

Kopf (unsichtbare Abnahmen arb – siehe Seite 11)
2 Luftm in Gelb anschlagen.
1. Runde: 7 fM in die 2. M ab der Nadel = 7 M.
2. Runde: 2 fM in jede M = 14 M.
3. – 6. Runde: 1 fM ringsum in jede M.
7. Runde: 2 fM, 2 fM in 1 M, 3 fM in 1 M, 2 fM in 1 M, 4 fM, 2 fM in 1 M, 3 fM in 1 M, 2 fM in 1 M, 2 fM = 22 M.
8. Runde: 7 fM in Gelb, 8 fM in Mandarine, 7 fM in Gelb.
9. Runde: 2 fM, 2 M zus abm, 3 M zus abm, 2 M zus abm, 4 fM, 2 M zus abm, 3 M zus abm, 2 M zus abm, 2 fM = 14 M.
10. Runde: 3 fM, 2 M zus abm, 4 fM, 2 M zus abm, 3 fM = 12 M.
Mit dem Füllen des Kopfes beginnen.
11. und 12. Runde: 1 fM in jede M.
13. Runde: (3 fM, 2 fM in 1 M) 3x arb = 15 M.
14. Runde: (4 fM, 2 fM in 1 M) 3x arb = 18 M.
15. Runde: * 2 Luftm, 1 Kettm in die 2. M ab der Nadel, 1 fM in das vordere M-Glied, ab * noch 16x wdh, 2 Luftm, 1 Kettm in die 2. M ab der Nadel, 1 Kettm in das vordere M-Glied der letzten M.
Die Arbeit beenden und die Fadenenden vernähen.

Körper

2 Luftm in Gelb anschlagen.

1. Runde: 9 fM in die 2. M ab der Nadel = 9 M.

2. Runde: 2 fM in jede M = 18 M.

3. Runde: Alle M dieser Runde in das hintere M-Glied arb: 1 fM in jede M.

4. Runde: (5 fM, 2 fM in 1 M) 3x arb = 21 M.

5. Runde: 1 fM in jede M.

6. Runde: (6 fM, 2 fM in 1 M) 3x arb = 24 M.

7. – 12. Runde: 1 fM in jede M.

Mit dem Füllen des Körpers beginnen.

13. Runde: (1 fM, 2 M zus abm) 8x arb = 16 M.

14. Runde: (2 M zus abm) 8x arb = 8 M.

Die Arbeit beenden, den Körper vollständig füllen, die Öffnung schließen und die Fadenenden vernähen.

Schnabel

2 Luftm in Mandarine anschlagen.

1. Runde: 4 fM in die 2. M ab der Nadel = 4 M.

2. Runde: (1 fM, 2 fM in 1 M) 2x arb = 6 M.

3. Runde: 1 fM in jede M.

Die Arbeit beenden, das Fadenende lang genug zum Annähen lassen.

Kamm

In Orchidee * 3 Luftm, in die Schlingen auf der Rückseite der Luftm-Kette arb: 1 Kettm in die 2. Luftm ab der Nadel, 1 Kettm, ab * noch 2x wdh.

Die Arbeit beenden, das Fadenende lang genug zum Annähen lassen.

Flügel (2x)

2 Luftm in Gelb anschlagen.

1. Runde: 6 fM in die 2. M ab der Nadel = 6 M.

2. Runde: 2 fM in jede M = 12 M.

Oberer Flügel

3. Runde: 6 fM, 6 M auslassen = 6 M.

4. Runde: In die 6 eben behäkelten M: 1 fM in jede M = 6 M.
Den oberen Flügel flach zusammenlegen und nun durch die M beider Lagen arb: 3 fM = 3 M.
Die Arbeit beenden, das Fadenende lang genug zum Annähen lassen.

Unterer Flügel

3. Runde: Mit 1 Kettm in Gelb an der 1. unbehäkelten M der 2. Runde anschlingen und 1 fM in jede der unbehäkelten M = 6 M.

4. Runde: In die eben behäkelten 6 M: 2 fM in die 1. M, 5 fM = 7 M.
Den Flügel füllen.

5. Runde: 1 Kettm, 2 Luftm, 1 fM in die 2. M ab der Nadel, 1 Kettm in die 1. Kettm. Den Flügel flach zusammenlegen und nun durch die übrigen M beider Lagen arb: 2 Luftm, 1 fM in die 2. M ab der Nadel, 1 Kettm in die 1. M, * 2 Luftm, 1 fM in die 2. M ab der Nadel, 1 Kettm, ab * noch 1x wdh.
Die Arbeit beenden, die Naht in der Ellenbeuge schließen.

Bein (2x)

5 Luftm in Mandarine anschlagen, mit 1 Kettm in die 1. M zur Runde schließen.

1. Runde: 1 fM in jede M = 5 M.

2. – 6. Runde: 1 fM in jede M.

7. Runde: 1 Kettm, * 3 Luftm, 1 fM in die 2. M ab der Nadel, 1 fM, 1 Kettm, ab * noch 2x wdh, 1 Kettm, 2 Luftm, 1 fM in die 2. M ab der Nadel, 1 Kettm in die 1. Kettm.
Die Arbeit beenden und die Fadenenden vernähen, nur den Anfangsfaden lang genug zum Annähen übriglassen.

Lätzchen

6 Luftm in Weiß anschlagen.

1. Reihe: 1 fM in die 2. M ab der Nadel, 4 fM, wenden = 5 M.

2. – 4. Reihe: 1 Wende-Luftm (zählt nicht als M), 1 fM in jede M, wenden.

5. Reihe: 2 M auslassen, 5 Stb in 1 M, 1 M auslassen, 1 Kettm in die letzte M.

Die Arbeit beenden und in Weiß mit 1 Kettm in die 1. M der Anschlagsreihe wieder anschlingen, 10 Luftm, das Lätzchen um Mollys Hals legen und mit 1 Kettm in die letzte M der Anschlagsreihe zur Runde schließen.

Die Arbeit beenden und die Fadenenden vernähen.

Fertigstellen

Den Kopf fertig ausstopfen. Mit Mandarine Kettenstiche rings um den Mund aufsticken. Mit 2 kleinen Spannstichen in Weiß einen Zahn aufsticken. Den Schnabel an die 7. Runde des Kopfes nähen. Die Augen wie im Abschnitt *Besondere Maschen und Häkeltechniken* auf Seite 17 beschrieben häkeln und zwischen die 4. und 5. Runde des Kopfes dicht nebeneinander annähen. Den Kamm an die 1. Runde oben auf den Kopf nähen.

Den Kopf an den Körper nähen, dabei die vordere Mitte von Kopf und Körper genau aufeinandersetzen und jeweils durch die unbearbeiteten hinteren M-Glieder zwischen der 14. und 15. Runde des Kopfes und durch die unbearbeiteten vorderen M-Glieder zwischen der 2. und 3. Runde des Körpers stechen. Die Flügel eine Runde unter der Naht zwischen Kopf und Körper an den Körper nähen. Mollys Beine für eine sitzende Position mit 5 Maschen Abstand 9 Runden unter der Naht zwischen Kopf und Körper an die Vorderseite des Körpers nähen. Vor dem Annähen prüfen, ob die Position so gefällt.

MOLLY

NEUGIERIG, VERWEGEN, EIGENWILLIG UND MUTIG – GENAU WIE IHRE MUTTER - EIN FREIHEITSLIEBENDES HÜHNCHEN VOM ALTEN SCHLAG.

Material
• Rico Design Creative Ricorumi dk (100 % Baumwolle, LL = 58 m/25 g): 25 g in Mandarine und je ein Rest in Schwarz, Weiß, Gelb, Rot, Orchidee und Blaugrün

• Füllwatte

Nadeln
• eine Häkelnadel 2,5 mm

Größe
• ca. 12 cm hoch, sitzend

Anleitung

Kopf (unsichtbare Abnahmen arb – siehe Seite 11)
2 Luftm in Mandarine anschlagen.
1. Runde: 7 fM in die 2. M ab der Nadel = 7 M.
2. Runde: 2 fM in jede M = 14 M.
3. – 6. Runde: 1 fM in jede M.
7. Runde: 2 fM, (2 fM in 1 M) 2x arb, (1 fM in Mandarine, 1 fM in Schwarz) in 1 M, 1 fM in Schwarz, (2 fM in 1 M) 2x arb in Weiß, 1 fM in Schwarz, (1 fM in Schwarz, 1 fM in Mandarine) in 1 M, (2 fM in 1 M) 2x arb, 2 fM = 22 M.
8. Runde: 7 fM in Mandarine, 8 fM in Weiß, 7 fM in Mandarine.
9. Runde: 2 fM, 2 M zus abm, 3 M zus abm, 2 M zus abm, 4 fM, 2 M zus abm, 3 M zus abm, 2 M zus abm, 2 fM = 14 M.
10. Runde: 3 fM, 2 M zus abm, 4 fM, 2 M zus abm, 3 fM = 12 M.
Mit dem Füllen des Kopfes beginnen.

11. und 12. Runde: 1 fM in jede M.
13. Runde: (3 fM, 2 fM in 1 M) 3x arb = 15 M.
14. Runde: (4 fM, 2 fM in 1 M) 3x arb = 18 M.
15. Runde: Alle M dieser Runde in das vordere M-Glied arb: (5 fM, 2 fM in 1 M) 3x arb = 21 M.
16. Runde: * 2 Luftm, 1 Kettm in die 2. M ab der Nadel, 1 fM, ab * noch 19x wdh, 2 Luftm, 1 Kettm in die 2. M ab der Nadel, 1 Kettm in die letzte M.
Die Arbeit beenden und die Fadenenden vernähen.

Körper

2 Luftm in Mandarine anschlagen.

1. Runde: 9 fM in die 2. M ab der Nadel = 9 M.

2. Runde: 2 fM in jede M = 18 M.

3. Runde: Alle M dieser Runde in das hintere M-Glied arb: (5 fM, 2 fM in 1 M) 3x arb = 21 M.

4. – 7. Runde: 1 fM in jede M.

8. Runde: (6 fM, 2 fM in 1 M) 3x arb = 24 M.

9. Runde: (6 fM, 2 M zus abm) 3x arb = 21 M.

10. Runde: (1 fM, 2 fM in 1 M) 2x arb, 1 fM, folgende M nur in das vordere M-Glied arb: (2 fM in 1 M) 4x arb, nun wieder in beide M-Glieder einstechen: 6 fM, die 3. M der letzten 6 M mit einem offenen Maschenmarkierer oder einem Faden markieren, der sich später leicht wieder entfernen lässt = vordere Mitte des Körpers, die folgenden M in das vordere M-Glied arb: (2 fM in 1 M) 4x arb, 1 fM, 2 fM in 1 M = 32 M.

11. – 15. Runde: 1 fM in jede M.

16. Runde: (1 fM, 2 M zus abm) 2x arb, 1 fM, (1 fM, 2 M zus abm) 3x arb, 5 fM, (1 fM, 2 M zus abm) 3x arb, 2 fM = 24 M.

17. Runde: 5 fM, (2 M zus abm) 3x arb, 6 fM, (2 M zus abm) 3x arb, 1 fM = 18 M.

Mit dem Füllen des Körpers beginnen.

18. Runde: (1 fM, 2 M zus abm) 6x arb = 12 M.

19. Runde: (2 M zus abm) 6x arb = 6 M.

Die Arbeit beenden, den Körper fertig ausstopfen, die Öffnung schließen und die Fadenenden vernähen.

Schnabel

2 Luftm mit Gelb anschlagen.

1. Runde: 4 fM in die 2. M ab der Nadel = 4 M.

2. Runde: (1 fM, 2 fM in 1 M) 2x arb = 6 M.

3. Runde: 1 fM in jede M.

Die Arbeit beenden, das Fadenende lang genug zum Annähen lassen.

Kamm

Teil 1

3 Luftm in Rot anschlagen. Nun in die Schlingen auf der Rückseite der Luftm-Kette arb: 1 Kettm in die 2. Luftm ab der Nadel, 1 Kettm, ab * noch 1x wdh, 1 Kettm in die 1. Luftm.

Teil 2

3 Luftm in Orchidee anschlagen. Nun in die Schlingen auf der Rückseite der Luftm-Kette arb: 1 Kettm in die 2. M ab der Nadel, 1 Kettm.

Die Arbeit beenden, das Fadenende lang genug zum Annähen lassen.

Flügel (2x)

2 Luftm in Mandarine anschlagen.

1. Runde: 6 fM in die 2. M ab der Nadel = 6 M.

2. Runde: 2 fM in jede M = 12 M.

Oberer Flügel

3. Runde: 6 fM, 6 M auslassen = 6 M.

4. – 6. Runde: In die 6 eben behäkelten M: 1 fM in jede M = 6 M.
Den oberen Flügel flach zusammenlegen und nun durch die M beider Lagen arb: 3 fM = 3 M.
Die Arbeit beenden, das Fadenende lang genug zum Annähen lassen.

Unterer Flügel

3. Runde: Mit 1 Kettm in Mandarine an der 1. unbehäkelten M der 2. Runde anschlingen und 1 fM in jede der unbehäkelten M = 6 M.

4. und 5. Runde: In die eben behäkelten 6 M: 1 fM in jede M.

6. Runde: 2 fM in die 1. M, 5 fM = 7 M.
Den Flügel füllen.

7. Runde: 1 Kettm, 2 Luftm, 1 fM in die 2. M ab der Nadel, 1 Kettm in die 1. Kettm. Den Flügel flach zusammenlegen und nun durch die übrigen M beider Lagen arb: 2 Luftm, 1 fM in die 2. M ab der Nadel, 1 Kettm in die 1. M, * 2 Luftm, 1 fM in die 2. M ab der Nadel, 1 Kettm, ab * noch 1x wdh.
Die Arbeit beenden, die Naht in der Ellenbeuge schließen.

Bein (2x)

5 Luftm in Gelb anschlagen und mit 1 Kettm in die 1. M zur Runde schließen.

1. Runde: 1 fM in jede M = 5 M.

2. – 6. Runde: 1 fM in jede M.

7. Runde: 1 Kettm, * 3 Luftm, 1 fM in die 2. M ab der Nadel, 1 fM, 1 Kettm, ab * noch 2x wdh, 1 Kettm, 2 Luftm, 1 fM in die 2. M ab der Nadel, 1 Kettm in die 1. Kettm.
Die Arbeit beenden und die Fadenenden vernähen, nur den Anfangsfaden lang genug zum Annähen übriglassen.

Schwanzfedern

In Mandarine * 4 Luftm, in die Schlingen auf der Rückseite der Luftm-Kette arb: 1 Kettm in die 2. Luftm ab der Nadel, 2 Kettm, ab * noch 4x wdh, mit 1 Kettm in die 1. Luftm zur Runde schließen.
Die Arbeit beenden, das Fadenende lang genug zum Annähen lassen.

Kappe

2 Luftm in Blaugrün anschlagen.

1. Runde: 6 fM in die 2. M ab der Nadel = 6 M.

2. Runde: 2 fM in jede M = 12 M.

3. Runde: (1 fM, 2 fM in 1 M) 6x arb = 18 M.

4. Runde: Alle M dieser Runde in das hintere M-Glied arb: 6 Kettm, (2 fM in 1 M) 3x arb, um eine Spitze zu formen, 9 Kettm.

Die Arbeit beenden und die Fadenenden vernähen.

Schal

23 Luftm in Orchidee anschlagen. 1 fM in die 2. M ab der Nadel, 1 hStb, 1 fM, 1 Kettm, 2 fM, 2 hStb, 1 Stb, (2 Stb in 1 M) 4x arb, 1 Stb, 2 hStb, 2 fM, 1 Kettm, 1 fM, 1 hStb, 1 fM, 1 Kettm in dieselbe Luftm wie die letzte fM.

Die Arbeit beenden und die Fadenenden vernähen.

Fertigstellen

Den Kopf fertig ausstopfen. Mit Gelb Kettenstiche rings um den Mund aufsticken. Mit einem einzelnen Faden in Schwarz für die oberen Zähne kleine Spannstiche um die Maschen im Mund herumsticken. Den Schnabel an die 6. Runde des Kopfes nähen. Die Augen wie im Abschnitt *Besondere Maschen und Häkeltechniken* auf Seite 17 beschrieben häkeln und an der 4. Runde des Kopfes dicht nebeneinander annähen. Den Kamm in der vorderen Mitte zwischen die 1. und 2. Runde des Kopfes nähen. Die Kappe hinter den Kamm oben auf den Kopf nähen.

Den Kopf an den Körper nähen, dabei die vordere Mitte von Kopf und Körper genau aufeinandersetzen und jeweils durch die unbearbeiteten hinteren M-Glieder zwischen der 14. und 15. Runde des Kopfes und durch die unbearbeiteten vorderen M-Glieder zwischen der 2. und 3. Runde des Körpers stechen.

Die Flügel eine Runde unter der Naht zwischen Kopf und Körper an den Körper nähen. Mollys Beine für eine sitzende Position mit 6 Maschen Abstand 13 Runden unter der Naht zwischen Kopf und Körper an die Vorderseite des Körpers nähen. Vor dem Annähen prüfen, ob die Position so gefällt.

Mit den Beinen nach hinten und dem Körper nach oben rings um die Ansatznaht jedes Beins auf den Körper einen Kettm-Ring aufhäkeln: In Mandarine mit 1 Kettm an einer M direkt neben dem angenähten Bein anschlingen, * 2 Luftm, 1 Kettm um die nächste M, ab * ringsum wdh und mit 1 Kettm enden. Die Arbeit beenden. Die Schwanzfedern etwas zusammenraffen und in der hinteren Mitte des Körpers annähen. Den Schal um den Hals legen, vorne mit einem kurzen Fadenstück in Rot umwickeln, um den Schal zu fixieren, und verknoten.

BABS

GUTHERZIG, ABER ETWAS DÜMMLICH, MIT EINER EIGENEN SICHT AUF DIE WELT UND EINEM GROSSARTIGEN TALENT – SIE IST EINE AUSGEZEICHNETE STRICKERIN.

Material
- Rico Design Creative Ricorumi dk (100 % Baumwolle, LL = 58 m/25 g): 25 g in Gelb und jeweils ein Rest in Schwarz, Weiß, Haut, Altrosa, Hellblau und Rot
- Füllwatte
- 2 Zahnstocher

Nadeln
- eine Häkelnadel 2,5 mm

Größe
- ca. 15 cm hoch, sitzend

Anleitung

Kopf (unsichtbare Abnahmen arb – siehe Seite 11)
2 Luftm in Gelb anschlagen.
1. Runde: 7 fM in die 2. M ab der Nadel = 7 M.
2. Runde: 2 fM in jede M = 14 M.
3. – 6. Runde: 1 fM in jede M.
7. Runde: 2 fM, (2 fM in 1 M) 2x arb, (1 fM in Gelb, 1 fM in Schwarz), 1 fM in Schwarz, (2 fM in 1 M) 2x arb in Weiß, 1 fM in Schwarz, (1 fM in Schwarz, 1 fM in Gelb) in 1 M, (2 fM in 1 M) 2x arb, 2 fM = 22 M.
8. Runde: 7 fM in Gelb, 8 fM in Weiß, 7 fM in Gelb.
9. Runde: 2 fM, 2 M zus abm, 3 M zus abm, 2 M zus abm, 4 fM, 2 M zus abm, 3 M zus abm, 2 M zus abm, 2 fM = 14 M.
10. Runde: 3 fM, 2 M zus abm, 4 fM, 2 M zus abm, 3 fM = 12 M.
Mit dem Füllen des Kopfes beginnen.
11. – 13. Runde: 1 fM in jede M.
14. Runde: Alle M in das hintere M-Glied arb: (3 fM, 2 fM in 1 M) 3x arb = 15 M.

15. Runde: Alle M in das hintere M-Glied arb: (4 fM, 2 fM in 1 M) 3x arb = 18 M.
16. Runde: Alle M in das vordere M-Glied arb: (2 fM, 2 fM in 1 M) 6x arb = 24 M.
17. Runde: (3 fM, 2 fM in 1 M) 6x arb = 30 M.
18. Runde: * 2 Luftm, 1 Kettm in die 2. M ab der Nadel, 1 fM, ab * noch 28x wdh, 2 Luftm, 1 Kettm in die 2. M ab der Nadel, 1 Kettm in die letzte M.
Die Arbeit beenden und die Fadenenden vernähen.

Körper

2 Luftm in Gelb anschlagen.

1. Runde: 9 fM in die 2. M ab der Nadel = 9 M.

2. Runde: 2 fM in jede M = 18 M.

3. Runde: Alle M dieser Runde in das hintere M-Glied arb: (5 fM, 2 fM in 1 M) 3x arb = 21 M.

4. Runde: (6 fM, 2 fM in 1 M) 3x arb = 24 M.

5. Runde: (5 fM, 2 fM in 1 M) 4x arb = 28 M.

6. Runde: (6 fM, 2 fM in 1 M) 4x arb = 32 M.

7. Runde: (2 fM in 1 M) 2x arb, 3 fM, (1 fM, 2 fM in 1 M) 4x arb, 8 fM, die 4. M der letzten 8 M mit einem offenen Maschenmarkierer oder einem Faden markieren, der sich später leicht wieder entfernen lässt = vordere Mitte des Körpers, die folgenden M in das vordere M-Glied arb: (1 fM, 2 fM in 1 M) 4x arb, 3 fM = 42 M.

8. Runde: (1 fM, 2 fM in 1 M) 2x arb, 3 fM, (2 fM, 2 fM in 1 M) 4x arb, 8 fM, (2 fM, 2 fM in 1 M) 4x arb, 3 fM = 52 M.

9. Runde: 9 fM, (3 fM, 2 fM in 1 M) 4x arb, 8 fM, (3 fM, 2 fM in 1 M) 4x arb, 3 fM = 60 M.

10. Runde: 9 fM, (4 fM, 2 fM in 1 M) 4x arb, 8 fM, (4 fM, 2 fM in 1 M) 4x arb, 3 fM = 68 M.

11. – 22. Runde: 1 fM in jede M.

23. Runde: 12 fM, (4 fM, 2 M zus abm) 4x arb, 8 fM, (4 fM, 2 M zus abm) 4x arb = 60 M.

24. Runde: 12 fM, (3 fM, 2 M zus abm) 4x arb, 8 fM, (3 fM, 2 M zus abm) 4x arb = 52 M.

25. Runde: 3 fM, (1 fM, 2 M zus abm) 2x arb, 3 fM, (2 fM, 2 M zus abm) 4x arb, 8 fM, (2 fM, 2 M zus abm) 4x arb = 42 M.

26. Runde: 3 fM, (2 M zus abm) 2x arb, 3 fM, (1 fM, 2 M zus abm) 4x arb, 8 fM, (1 fM, 2 M zus abm) 4x arb = 32 M.

Mit dem Füllen des Körpers beginnen.

27. Runde: 8 fM, (2 M zus abm) 4x arb, 8 fM, (2 M zus abm) 4x arb = 24 M.

28. Runde: (2 fM, 2 M zus abm) 6x arb = 18 M.

29. Runde: (1 fM, 2 M zus abm) 6x arb = 12 M.

30. Runde: (2 M zus abm) 6x arb = 6 M.

Die Arbeit beenden, den Körper vollständig füllen, die Öffnung schließen und die Fadenenden vernähen.

Schnabel

2 Luftm in Haut anschlagen.

1. Runde: 4 fM in die 2. M ab der Nadel = 4 M.

2. Runde: (1 fM, 2 fM in 1 M) 2x arb = 6 M.

3. Runde: 1 fM in jede M.

4. Runde: (2 fM, 2 fM in 1 M) 2x arb = 8 M.

Die Arbeit beenden, das Fadenende lang genug zum Annähen lassen.

Halskette

In Altrosa mit 1 Kettm in das vordere M-Glied der 1. unbehäkelten M zwischen der 13. und 14. Runde des Kopfes anschlingen.

1. Runde: Alle M in das vordere M-Glied arb: (2 Luftm, 1 Kettm) 12x arb, mit 1 Kettm

in die 1. M zur Runde schließen.

2. Runde: Alle M in das vordere M-Glied arb: 1 Kettm in das vordere M-Glied der 1. Unbehäkelten M zwischen der 14. und 15. Runde des Kopfes, (2 Luftm, 1 Kettm in 1 M) 15x arb, 1 Kettm in die 1. M.

Die Arbeit beenden und die Fadenenden vernähen.

Kamm

In Hellblau * 6 Luftm, in die Schlingen auf der Rückseite der Luftm-Kette 1 Kettm in die 2. Luftm ab der Nadel, 4 Kettm, ab * noch 5x wdh.

Die Arbeit beenden, das Fadenende lang genug zum Annähen lassen.

Flügel (2x)

2 Luftm in Gelb anschlagen.

1. Runde: 7 fM in die 2. M ab der Nadel = 7 M.

2. Runde: 2 fM in jede M = 14 M.

Oberer Flügel

3. Runde: 7 fM, 7 M auslassen = 7 M.

4. – 6. Runde: In die 7 eben behäkelten M: 1 fM in jede M = 7 M.

7. Runde: 2 M zus abm, 5 fM, 1 Kettm in die 1. M zur Runde schließen = 6 M.

Den oberen Flügel flach zusammenlegen und nun durch die M beider Lagen arb: 1 Luftm, 3 fM = 3 M.

Die Arbeit beenden, das Fadenende lang genug zum Annähen lassen.

Unterer Flügel

3. Runde: Mit 1 Kettm in Gelb an der 1. unbehäkelten M der 2. Runde anschlingen und 1 fM in jede der 7 unbehäkelten M = 7 M.

4. – 7. Runde: In die eben behäkelten 7 M: 1 fM in jede M. Den Flügel füllen.

8. Runde: 1 Kettm, 3 Luftm, 1 fM in die 3. Luftm ab der Nadel, 1 Kettm in die 1. Kettm. Den Flügel flach zusammenlegen und nun durch die übrigen M beider Lagen arb: 3 Luftm, 1 fM in die 2. M ab der Nadel, 1 fM, 1 Kettm in die 1. M, * 3 Luftm, 1 fM in die 2. M ab der Nadel, 1 fM, 1 Kettm, ab * noch 1x wdh.

Die Arbeit beenden, die Naht in der Ellenbeuge schließen.

Bein (2x)

5 Luftm in Gelb anschlagen, mit 1 Kettm zur Runde schließen.

1. Runde: 1 fM in jede M = 5 M.

2. – 5. Runde: 1 fM in jede M.

6. Runde: 1 Kettm, * 4 Luftm, 1 fM in die 2. M ab der Nadel, 2 fM, 1 Kettm, ab * noch 2x wdh, 1 Kettm, 3 Luftm, 1 fM in die 2. M ab der Nadel, 1 fM, 1 Kettm in die 1. Kettm.

Die Arbeit beenden und die Fadenenden vernähen, nur den Anfangsfaden lang genug zum Annähen übriglassen.

Schwanzfedern

In Gelb * 5 Luftm, in die Schlingen auf der Rückseite der Luftm-Kette arb: 1 Kettm in die 2. Luftm ab der Nadel, 3 Kettm, ab * noch 7x wdh, mit 1 Kettm in die 1. Luftm zur Runde schließen. Die Arbeit beenden, das Fadenende lang genug zum Annähen lassen.

Strickzeug

7 Luftm in Rot anschlagen.

1. Reihe: 1 fM in die 2. M ab der Nadel, 5 fM, wenden = 6 M.
2. – 6. Reihe: 1 Wende-Luftm (zählt nicht als M), 1 fM in jede M, wenden.
Die Arbeit beenden, dabei das Fadenende ca. 1,25 m lang abschneiden und zu einem kleinen Wollknäuel wickeln.

Fertigstellen

Den Kopf fertig ausstopfen. Mit Haut Kettenstiche rings um den Mund aufsticken. Mit einem einzelnen Faden in Schwarz für die oberen Zähne kleine Spannstiche um die Maschen im Mund herumsticken. Den Schnabel an die 6. Runde des Kopfes nähen. Die Augen wie im Abschnitt *Besondere Maschen und Häkeltechniken* auf Seite 17 beschrieben häkeln und an der 4. Runde des Kopfes dicht nebeneinander annähen. Den Kamm fächerförmig zusammenziehen und oben auf den Kopf nähen.

Den Kopf an den Körper nähen, dabei die vordere Mitte von Kopf und Körper genau aufeinandersetzen und jeweils durch die unbearbeiteten hinteren M-Glieder zwischen der 15. und 16. Runde des Kopfes und durch die unbearbeiteten vorderen M-Glieder zwischen der 2. und 3. Runde des Körpers stechen. Die Flügel eine Runde unter der Naht zwischen Kopf und Körper an den Körper nähen. Babs' Beine für eine sitzende Position mit 10 Maschen Abstand 21 Runden unter der Naht zwischen Kopf und Körper an die Vorderseite des Körpers nähen. Vor dem Annähen prüfen, ob die Position so gefällt.

Mit den Beinen nach hinten und dem Körper nach oben rings um die Ansatznaht jedes Beins auf den Körper einen Kettm-Ring aufhäkeln: In Gelb mit 1 Kettm an einer M direkt neben dem angenähten Bein anschlingen, * 1 Luftm, 1 Kettm um die nächste M, ab * ringsum wdh und mit 1 Kettm enden. Die Arbeit beenden. Dicht über den Kettm-Ring beider Beine auf die gleiche Weise noch jeweils zwei weitere Kettm-Ringe häkeln. Die Schwanzfedern in der Mitte zusammenlegen und in der hinteren Mitte an die 2. Runde des Körpers annähen. Die Schwanzfedern in der Mitte zusammenlegen und in der hinteren Mitte an die 2. Runde des Körpers annähen. Die beiden Zahnstocher kürzen, dabei jeweils ein Ende mit Spitze übriglassen. Das Fadenende des Strickzeugs zu einem kleinen Knäuel wickeln, bei Bedarf mit einem Tropfen Kleber vor dem Aufwickeln sichern. Die oberen Schlingen des Strickzeugs auf die Zahnstocher fädeln und die Zahnstocher jeweils durch eine Masche auf der Unterseite einer Hand schieben.

BUNTY

DAS KRAFTPAKET. EINE STATTLICHE HENNE MIT GESTÄHLTEM KÖRPER UND EINEM WEICHEN HERZ.

Material

- Rico Design Creative Ricorumi dk (100 % Baumwolle, LL = 58 m/25 g): 25 g in Fuchs und jeweils ein Rest in Schwarz, Weiß, Mandarine, Aqua, Papaya und Caramel
- Füllwatte

Nadeln

- eine Häkelnadel 2,5 mm

Größe

- ca. 16 cm hoch, sitzend

Anleitung

Kopf (unsichtbare Abnahmen arb – siehe Seite 11)

2 Luftm in Fuchs anschlagen.

1. Runde: 7 fM in die 2. M ab der Nadel = 7 M.

2. Runde: 2 fM in jede M = 14 M.

3. – 6. Runde: 1 fM in jede M.

7. Runde: 2 fM, (2 fM in 1 M) 2x arb, (1 fM in Fuchs, 1 fM in Schwarz) in 1 M, 1 fM in Schwarz, (2 fM in 1 M) 2x arb in Weiß, 1 fM in Schwarz, (1 fM in Schwarz, 1 fM in Fuchs) in 1 M, (2 fM in 1 M) 2x arb, 2 fM = 22 M.

8. Runde: 7 fM in Fuchs, 8 fM in Weiß, 7 fM in Fuchs.

9. Runde: 2 fM, 2 M zus abm, 3 M zus abm, 2 M zus abm, 4 fM, 2 M zus abm, 3 M zus abm, 2 M zus abm, 2 fM = 14 M.

Mit dem Füllen des Kopfes beginnen.

10. – 14. Runde: 1 fM in jede M.

15. Runde: 13 fM, 2 fM in 1 M = 15 M.

16. Runde: Alle M dieser Runde in das hintere M-Glied arb: (4 fM, 2 fM in 1 M) 3x arb = 18 M.

17. Runde: Alle M dieser Runde in das vordere M-Glied arb: (2 fM, 2 fM in 1 M) 6x arb = 24 M.

18. Runde: (7 fM, 2 fM in 1 M) 3x arb = 27 M.

19. Runde: * 2 Luftm, 1 Kettm in die 2. M ab der Nadel, 1 fM, ab * noch 25x wdh, 2 Luftm, 1 Kettm in die 2. M ab der Nadel, 1 Kettm in die letzte M.

Die Arbeit beenden und die Fadenenden vernähen.

Körper

2 Luftm in Fuchs anschlagen.

1. Runde: 9 fM in die 2. M ab der Nadel = 9 M.

2. Runde: 2 fM in jede M = 18 M.

3. Runde: Alle M dieser Runde in das hintere M-Glied arb: (5 fM, 2 fM in 1 M) 3x arb = 21 M.

4. Runde: (6 fM, 2 fM in 1 M) 3x arb = 24 M.

5. Runde: (5 fM, 2 fM in 1 M) 4x arb = 28 M.

6. Runde: (6 fM, 2 fM in 1 M) 4x arb = 32 M.

7. Runde: 1 fM in jede M.

8. Runde: (2 fM in 1 M) 2x arb, 3 fM, (1 fM, 2 fM in 1 M) 4x arb, 8 fM, die 4. M dieser 8 M mit einem offenen Maschenmarkierer oder einen Faden markieren, der sich später leicht wieder entfernen lässt = vordere Mitte des Körpers, (1 fM, 2 fM in 1 M) 4x arb, 3 fM = 42 M.

9. und 10. Runde: 1 fM in jede M.

11. Runde: (1 fM, 2 fM in 1 M) 2x arb, 3 fM, die nächsten M nur in das vordere M-Glied arb: (2 fM, 2 fM in 1 M) 4x arb, nun wieder in beide M-Glieder arb: 8 fM, die nächsten M nur in das vordere M-Glied arb: (2 fM, 2 fM in 1 M) 4x arb, nun wieder in beide M-Glieder ab: 3 fM = 52 M.

12. Runde: 9 fM, (3 fM, 2 fM in 1 M) 4x arb, 8 fM, (3 fM, 2 fM in 1 M) 4x arb, 3 fM = 60 M.

13. Runde: 9 fM, (4 fM, 2 fM in 1 M) 4x arb, 8 fM, (4 fM, 2 fM in 1 M) 4x arb, 3 fM = 68 M.

14. Runde: 9 fM, (5 fM, 2 fM in 1 M) 3x arb, 20 fM, (5 fM, 2 fM in 1 M) 3x arb, 3 fM = 74 M.

15. – 23. Runde: 1 fM in jede M.

24. Runde: 12 fM, (5 fM, 2 M zus abm) 3x arb, 20 fM, (5 fM, 2 M zus abm) 3x arb = 68 M.

25. Runde: 12 fM, (4 fM, 2 M zus abm) 4x arb, 8 fM, (4 fM, 2 M zus abm) 4x arb = 60 M.

26. Runde: 12 fM, (3 fM, 2 M zus abm) 4x arb, 8 fM, (3 fM, 2 M zus abm) 4x arb = 52 M.

27. Runde: 3 fM, (1 fM, 2 M zus abm) 2x arb, 3 fM, (2 fM, 2 M zus abm) 4x arb, 8 fM, (2 fM, 2 M zus abm) 4x arb = 42 M.

28. Runde: 3 fM, (2 M zus abm) 2x arb, 3 fM, (1 fM, 2 M zus abm) 4x arb, 8 fM, (1 fM, 2 M zus abm) 4x arb = 32 M.

Mit dem Füllen des Körpers beginnen.

29. Runde: 8 fM, (2 M zus abm) 4x arb, 8 fM, (2 M zus abm) 4x arb = 24 M.

30. Runde: (2 fM, 2 M zus abm) 6x arb = 18 M.

31. Runde: (1 fM, 2 M zus abm) 6x arb = 12 M.

32. Runde: (2 M zus abm) 6x arb = 6 M.

Die Arbeit beenden, den Körper fertig ausstopfen, die Öffnung schließen und die Fadenenden vernähen.

Schnabel

2 Luftm in Mandarine anschlagen.

1. Runde: 4 fM in die 2. M ab der Nadel = 4 M.

2. Runde: (1 fM, 2 fM in 1 M) 2x arb = 6 M.

3. Runde: 1 fM in jede M.

4. Runde: (2 fM, 2 fM in 1 M) 2x arb = 8 M.

Die Arbeit beenden, das Fadenende lang genug zum Annähen lassen.

Halskette

In Aqua mit 1 Kettm in das vordere M-Glied der 1. unbehäkelten M zwischen der 15. und 16. Runde des Kopfes anschlingen, (3 Luftm, 1 Kettm in das vordere M-Glied) 15x arb, 3 Luftm, 1 Kettm in das vordere M-Glied der 1. M.

Die Arbeit beenden und die Fadenenden vernähen.

Kamm

In Papaya * 3 Luftm, in die Schlingen auf der Rückseite der Luftm-Kette arb: 1 Kettm in die 2. Luftm ab der Nadel, 1 Kettm, ab * noch 4x wdh.

Die Arbeit beenden, das Fadenende lang genug zum Annähen lassen.

Flügel (2x)

2 Luftm in Fuchs anschlagen.

1. Runde: 7 fM in die 2. M ab der Nadel = 7 M.

2. Runde: 2 fM in jede M = 14 M.

Oberer Flügel

3. Runde: 7 fM, 7 M auslassen = 7 M.

4. – 6. Runde: In die 7 eben behäkelten M: 1 fM in jede M = 7 M.

7. Runde: 2 M zus abm, 5 fM, 1 Kettm in die 1. M zur Runde schließen = 6 M.

Den oberen Flügel flach zusammenlegen und nun durch die M beider Lagen arb: 1 Luftm, 3 fM = 3 M.

Die Arbeit beenden, das Fadenende lang genug zum Annähen lassen.

Unterer Flügel

3. Runde: Mit 1 Kettm in Fuchs an der 1. unbehäkelten M der 2. Runde anschlingen und 1 fM in jede der unbehäkelten M = 7 M.

4. – 6. Runde: In die eben behäkelten 7 M: 1 fM in jede M.

Den Flügel füllen.

5. Runde: 1 Kettm, 3 Luftm, 1 fM in die 3. Luftm ab der Nadel, 1 Kettm in die 1. Kettm. Den Flügel flach zusammenlegen und nun durch die übrigen M beider Lagen arb: 3 Luftm, 1 fM in die 2. M ab der Nadel, 1 fM, 1 Kettm in die 1. M, * 3 Luftm, 1 fM in die 2. M ab der Nadel, 1 fM, 1 Kettm, ab * noch 1x wdh.

Die Arbeit beenden, die Naht in der Ellenbeuge schließen.

Bein (2x)

5 Luftm in Caramel anschlagen, mit 1 Kettm in die 1. Luftm zur Runde schließen.

1. Runde: 1 fM in jede M = 5 M.

2. – 5. Runde: 1 fM in jede M.

6. Runde: 1 Kettm, * 4 Luftm, 1 fM in die 2. M ab der Nadel, 2 fM, 1 Kettm in die nächste M, ab * noch 2x wdh, 1 Kettm in die nächste M, 3 Luftm, 1 fM in die 2. M ab der Nadel, 1 fM, 1 Kettm in die 1. Kettm.

Die Arbeit beenden und die Fadenenden vernähen, nur den Anfangsfaden lang genug zum Annähen übriglassen.

Schwanzfedern

In Fuchs * 4 Luftm, in die Schlingen auf der Rückseite der Luftm-Kette arb: 1 Kettm in die 2. Luftm ab der Nadel, 2 Kettm, ab * noch 7x wdh, mit 1 Kettm in die 1. Luftm zur Runde schließen. Die Arbeit beenden, das Fadenende lang genug zum Annähen lassen.

Fertigstellen

Den Kopf fertig ausstopfen. Mit Mandarine Kettenstiche rings um den Mund aufsticken. Mit einem einzelnen Faden in Schwarz für die Zähne kleine Spannstiche um die Maschen im Mund herumsticken. Den Schnabel an die 6. Runde des Kopfes nähen. Die Augen wie im Abschnitt *Besondere Maschen und Häkeltechniken* auf Seite 17 beschrieben häkeln und an der 4. Runde des Kopfes dicht nebeneinander annähen. Den Kamm in der vorderen Mitte zwischen die 1. und 2. Runde des Kopfes nähen.

Den Kopf an den Körper nähen, dabei die vordere Mitte von Kopf und Körper genau aufeinandersetzen und jeweils durch die unbearbeiteten hinteren M-Glieder zwischen der 16. und 17. Runde des Kopfes und durch die unbearbeiteten vorderen M-Glieder zwischen der 2. und 3. Runde des Körpers stechen. Die Flügel eine Runde unter der Naht zwischen Kopf und Körper an

den Körper nähen. Buntys Beine für eine sitzende Position mit 10 Maschen Abstand 22 Runden unter der Naht zwischen Kopf und Körper an die Vorderseite des Körpers nähen. Vor dem Annähen prüfen, ob die Position so gefällt.

Mit den Beinen nach hinten und dem Körper nach oben rings um die Ansatznaht jedes Beins auf den Körper einen Kettm-Ring aufhäkeln: In Fuchs mit 1 Kettm an einer M direkt neben dem angenähten Bein anschlingen, * 1 Luftm, 1 Kettm um die nächste M, ab * ringsum wdh und mit 1 Kettm enden. Die Arbeit beenden. Dicht über den Kettm-Ring beider Beine auf die gleiche Weise noch jeweils einen zweiten Kettm-Ring häkeln. Die Schwanzfedern in der Mitte zusammenlegen und in der hinteren Mitte an die 2. Runde des Körpers annähen.

FRIZZLE

HERZENSGUT, OPTIMISTISCH, LEICHT ZU BEGEISTERN UND … EIN BISSCHEN VERRÜCKT. SIE TRÄUMTE SCHON IMMER VON ETWAS GANZ GROSSEM.

Material
- Rico Design Creative Ricorumi dk (100 % Baumwolle, LL = 58 m/25 g): 25 g in Mauve und jeweils ein Rest in Schwarz, Weiß, Mandarine, Fuchsia, Orchidee und Kürbis
- Füllwatte

Nadeln
- eine Häkelnadel 2,5 mm

Größe
- ca. 13,5 cm hoch, sitzend

Anleitung

Kopf (unsichtbare Abnahmen arb – siehe Seite 11)
2 Luftm in Mauve anschlagen.
1. Runde: 7 fM in die 2. M ab der Nadel = 7 M.
2. Runde: 2 fM in jede M = 14 M.
3. – 6. Runde: 1 fM in jede M.
7. Runde: 2 fM, (2 fM in 1 M) 2x arb, (1 fM in Mauve, 1 fM in Schwarz) in 1 M, 1 fM in Schwarz, (2 fM in 1 M) 2x in Weiß, 1 fM in Schwarz, (1 fM in Schwarz, 1 fM in Mauve) in 1 M, (2 fM in 1 M) 2x arb, 2 fM = 22 M.
8. Runde: 7 fM in Mauve, 8 fM in Weiß, 7 fM in Mauve.
9. Runde: 2 fM, 2 M zus abm, 3 M zus abm, 2 M zus abm, 4 fM, 2 M zus abm, 3 M zus abm, 2 M zus abm, 2 fM = 14 M.
10. Runde: 3 fM, 2 M zus abm, 4 fM, 2 M zus abm, 3 fM = 12 M.
Mit dem Füllen des Kopfes beginnen.

11. – 15. Runde: 1 fM in jede M.
16. Runde: Alle M dieser Runde in das hintere M-Glied arb: (1 fM, 2 fM in 1 M) 6x arb = 18 M.
17. Runde: Alle M dieser Runde in das vordere M-Glied arb: (5 fM, 2 fM in 1 M) 3x arb = 21 M.
18. Runde: * 2 Luftm, 1 Kettm in die 2. M ab der Nadel, 1 fM, ab * noch 19x wdh, 2 Luftm, 1 Kettm in die 2. M ab der Nadel, 1 Kettm in die letzte M.
Die Arbeit beenden und die Fadenenden vernähen.

Körper

2 Luftm in Mauve anschlagen.

1. Runde: 9 fM in die 2. M ab der Nadel = 9 M.

2. Runde: 2 fM in jede M = 18 M.

3. Runde: Alle M dieser Runde nur in das hintere M-Glied arb: (5 fM, 2 fM in 1 M) 3x arb = 21 M.

4. – 7. Runde: 1 fM in jede M.

8. Runde: (6 fM, 2 fM in 1 M) 3x arb = 24 M.

9. Runde: (1 fM, 2 fM in 1 M) 2x arb, 1 fM, die nächsten M nur in das vordere M-Glied arb: (1 fM, 2 fM in 1 M) 3x arb, nun wieder in beide M-Glieder arb: 6 fM, die 3. M der letzten 6 M mit einem offenen Maschenmarkierer oder einem Faden markieren, der sich später leicht wieder entfernen lässt = vordere Mitte des Körpers, die folgenden M in das vordere M-Glied arb: (1 fM, 2 fM in 1 M) 3x arb, 1 fM = 32 M.

10. Runde: 7 fM, (2 fM, 2 fM in 1 M) 3x arb, 6 fM, (2 fM, 2 fM in 1 M) 3x arb, 1 fM = 38 M.

11. – 14. Runde: 1 fM in jede M.

15. Runde: 7 fM, (2 fM, 2 M zus abm) 3x arb, 6 fM, (2 fM, 2 M zus abm) 3x arb, 1 fM = 32 M.

16. Runde: (1 fM, 2 M zus abm) 2x arb, 1 fM, (1 fM, 2 M zus abm) 3x arb, 6 fM, (1 fM, 2 M zus abm) 3x arb, 1 fM = 24 M.

17. Runde: 5 fM, (2 M zus abm) 3x arb, 6 fM, (2 M zus abm) 3x arb, 1 fM = 18 M.

Mit dem Füllen des Körpers beginnen.

18. Runde: (1 fM, 2 M zus abm) 6x arb = 12 M.

19. Runde: (2 M zus abm) 6x arb = 6 M.

Die Arbeit beenden, den Körper vollständig füllen, die Öffnung schließen und die Fadenenden vernähen.

Schnabel

2 Luftm in Mandarine anschlagen.

1. Runde: 4 fM in die 2. M ab der Nadel = 4 M.

2. Runde: (1 fM, 2 fM in 1 M) 2x arb = 6 M.

3. Runde: 1 fM in jede M.

Die Arbeit beenden, das Fadenende lang genug zum Annähen lassen.

Mähne

2 Luftm in Kürbis anschlagen.

1. Runde: 7 fM in die 2. M ab der Nadel = 7 M.

2. Runde: Alle M dieser Runde in das hintere M-Glied arb: 2 fM in jede M = 14 M.

3. Runde: 1 Kettm in das vordere M-Glied, * 3 Luftm, 1 Kettm in die 2. M ab der Nadel, 1 Kettm, 1 Kettm in das vordere M-Glied der nächsten M der 2. Runde, ab * noch 13x wdh, 1 Kettm in das vordere M-Glied der 1. unbehäkelten M der 1. Runde.

4. Runde: 3 Luftm, 1 Kettm in die 2. M ab der Nadel, 1 Kettm, 1 Kettm in das vordere M-Glied der nächsten M der 1. Runde, ab * noch 6x wdh, 1 Kettm in das vordere M-Glied der 1. Kettm. Die Arbeit beenden und die Fadenenden vernähen.

Halskette

In Fuchsia mit 1 Kettm in das vordere M-Glied der 1. unbehäkelten M zwischen der 15. und 16. Runde des Kopfes anschlingen.

1. Runde: 2 Luftm, 1 fM in die 2. M ab der Nadel, 1 M auslassen, 1 Kettm in das vordere M-Glied der nächsten M, mit Orchidee anschlingen, den Faden in Fuchsia aber nicht abschneiden, sondern weiter mitführen, * 2 Luftm, 1 fM in die 2. M ab der Nadel, 1 M auslassen, 1 Kettm in das vordere M-Glied der nächsten M, ab * stets wdh, dabei abwechselnd mit Orchidee und Fuchsia arb, 1 Kettm in die 1. Kettm.

Die Arbeit beenden und die Fadenenden vernähen.

Flügel (2x)

2 Luftm in Mauve anschlagen.

1. Runde: 6 fM in die 2. M ab der Nadel = 6 M.

2. Runde: 2 fM in jede M = 12 M.

Oberer Flügel

3. Runde: 6 fM, 6 M auslassen = 6 M.

4. – 6. Runde: In die 6 eben behäkelten M: 1 fM in jede M = 6 M.
Den oberen Flügel flach zusammenlegen und nun durch die M beider Lagen arb: 3 fM = 3 M.
Die Arbeit beenden, das Fadenende lang genug zum Annähen lassen.

Unterer Flügel

3. Runde: Mit 1 Kettm in Mauve an der 1. unbehäkelten M der 2. Runde anschlingen und 1 fM in jede der unbehäkelten M = 6 M.

4. und 5. Runde: In die eben behäkelten 6 M: 1 fM in jede M.

6. Runde: 2 fM in die 1. M, 5 fM = 7 M.
Den Flügel füllen.

7. Runde: 1 Kettm, 2 Luftm, 1 fM in die 2. M ab der Nadel, 1 Kettm in die 1. Kettm. Den Flügel flach zusammenlegen und nun durch die übrigen M beider Lagen arb: 2 Luftm, 1 fM in die 2. M ab der Nadel, 1 Kettm in die 1. M, * 2 Luftm, 1 fM in die 2. M ab der Nadel, 1 Kettm in 1 M, ab * noch 1x wdh.

Die Arbeit beenden, die Naht in der Ellenbeuge schließen.

Bein (2x)

5 Luftm in Mandarine anschlagen und mit 1 Kettm in die 1. M zur Runde schließen.

1. Runde: 1 fM in jede M = 5 M.

2. – 6. Runde: 1 fM in jede M.

7. Runde: 1 Kettm, * 3 Luftm, 1 fM in die 2. M ab der Nadel, 1 fM, 1 Kettm, ab * noch 2x wdh, 1 Kettm, 2 Luftm, 1 fM in die 2. M ab der Nadel, 1 Kettm in die 1. Kettm.

Die Arbeit beenden und die Fadenenden vernähen, nur den Anfangsfaden lang genug zum Annähen übriglassen.

Schwanzfedern

In Mauve * 5 Luftm, in die Schlingen auf der Rückseite der Luftm-Kette arb: 1 Kettm in die 2. Luftm ab der Nadel, 3 Kettm, ab * noch 5x wdh, mit 1 Kettm in die 1. Luftm zur Runde schließen. Die Arbeit beenden, das Fadenende lang genug zum Annähen lassen.

Fertigstellen

Den Kopf fertig ausstopfen. Mit Mandarine Kettenstiche rings um den Mund aufsticken. Mit einem einzelnen Faden in Schwarz für die Zähne kleine Spannstiche um die Maschen im Mund herumsticken. Den Schnabel an die 6. Runde des Kopfes nähen. Die Augen wie im Abschnitt *Besondere Maschen und Häkeltechniken* auf Seite 17 beschrieben häkeln und an der 4. Runde des Kopfes dicht nebeneinander annähen. Die Mähne in der vorderen Mitte an die 1. Runde des Kopfes nähen.

Den Kopf an den Körper nähen, dabei die vordere Mitte von Kopf und Körper genau aufeinandersetzen und jeweils durch die unbearbeiteten hinteren M-Glieder zwischen der 16. und 17. Runde des Kopfes und durch die unbearbeiteten vorderen M-Glieder zwischen der 2. und 3. Runde des Körpers stechen. Die Flügel eine Runde unter der Naht zwischen Kopf und Körper an den Körper nähen. Frizzles Beine für eine sitzende Position mit 7 Maschen Abstand 13 Runden unter der Naht zwischen Kopf und Körper an die Vorderseite des Körpers nähen. Vor dem Annähen prüfen, ob die Position so gefällt.

Mit den Beinen nach hinten und dem Körper nach oben rings um die Ansatznaht jedes Beins auf den Körper einen Kettm-Ring aufhäkeln: In Mauve mit 1 Kettm an einer M direkt neben dem angenähten Bein anschlingen, * 1 Luftm, 1 Kettm um die nächste M, ab * ringsum wdh und mit 1 Kettm enden. Die Arbeit beenden. Dicht über jeden Kettm-Ring auf die gleiche Weise noch jeweils einen zweiten Kettm-Ring häkeln. Die Schwanzfedern in der hinteren Mitte des Körpers annähen.

DR FRY

EIN VERSCHROBENER WISSENSCHAFTLER UND GEBILDETER FATZKE, ER IST VÖLLIG VERNARRT IN SEINE NEUE FRAU.

Material
• Rico Design Creative Ricorumi dk (100 % Baumwolle, LL =
58 m/25 g): je 25 g in Nougat, Fuchs, Violett, Gelb und Weiß
und jeweils ein Rest in Schwarz, Schoko und Silber

• Füllwatte

Nadeln
• eine Häkelnadel 2,5 mm

Größe
• ca. 21 cm hoch

Anleitung

Kopf
2 Luftm in Nougat anschlagen.
1. Runde: 6 fM in die 2. M ab der Nadel = 6 M.
2. Runde: 2 fM in jede M = 12 M.
3. Runde: (1 fM, 2 fM in 1 M) 6x arb = 18 M.
4. Runde: 4 fM, 2 fM in 1 M, 8 fM, 2 fM in 1 M, 4 fM = 20 M.
5. und 6. Runde: 1 fM in jede M.
7. Runde: 2 fM, (1 fM, 2 fM in 1 M) 3x arb, 1 fM, (2 fM in 1 M) 2x
arb, 1 fM, (1 fM, 2 fM in 1 M) 3x arb, 2 fM = 28 M.
8. Runde: 1 fM in jede M.
9. Runde: 10 fM in Nougat, 2 fM in Schwarz, 4 fM Weiß, 2 fM in
Schwarz, 10 fM in Nougat.
10. Runde: 11 fM in Nougat, 6 fM in Weiß, 11 fM in Nougat.
11. Runde: 1 fM in jede M.
12. Runde: 5 fM, (1 fM, 2 M zus abm) 2x arb, 6 fM, (1 fM, 2 M zus
abm) 2x arb, 5 fM = 24 M.
13. Runde: (2 M zus abm) 12x arb = 12 M.
Mit dem Füllen des Kopfes beginnen.
14. Runde: 1 fM in jede M.
Die Arbeit beenden.

Nase

2 Luftm in Nougat anschlagen.

1. Runde: 5 fM in die 2. M ab der Nadel = 5 M.

2. und 3. Runde: 1 fM in jede M.

Die Arbeit beenden, das Fadenende lang genug zum Annähen lassen.

Ohr (2x)

2 Luftm in Nougat anschlagen.

1. Runde: 6 fM in die 2. M ab der Nadel, mit 1 Kettm in die 1. M zur Runde schließen = 6 M.

Die Arbeit beenden, das Fadenende lang genug zum Annähen lassen.

Haare

2 Luftm in Schwarz anschlagen.

1. Runde: 6 fM in die 2. M ab der Nadel = 6 M.

2. Runde: 2 fM in jede M, mit 1 Kettm in die 1. M zur Runde schließen = 12 M.

Nun in Reihen weiterarb.

1. Reihe: 1 Wende-Luftm (zählt nicht als M), (1 fM, 2 fM in 1 M) 4x arb, 4 M auslassen, wenden = 12 M.

2. Reihe: 1 Luftm, 2 fM in 1 M, 10 fM, 2 fM in 1 M, wenden = 14 M.

3. Reihe: 1 Luftm, 14 fM, wenden.

4. Reihe: 2 Kettm, 1 Luftm, 10 fM, die letzten 2 M auslassen, wenden = 10 M.

5. Reihe: 1 Luftm, 10 fM, die letzten 2 Kettm auslassen.

Die Arbeit beenden, das Fadenende lang genug zum Annähen lassen.

Bein (2x)

7 Luftm in Schoko anschlagen.

1. Runde: 2 fM in die 2. M ab der Nadel, 4 fM, 3 fM in 1 M, die Arbeit drehen und auf der Unterseite der Luftm-Kette weiterarb: 4 fM, 1 fM in dieselbe Luftm wie die ersten 2 fM dieser Runde = 14 M.

2. Runde: (2 fM in 1 M) 2x arb, 4 fM, (2 fM in 1 M) 3x arb, 4 fM, 2 fM in 1 M = 20 M.

3. Runde: Mit Fuchs anschlingen, 1 fM in jede M, dabei in das hintere M-Glied arb.

4. Runde: 1 fM in jede M.

5. Runde: 8 fM, (2 M zus abm) 3x arb, 6 fM = 17 M.

6. Runde: 8 fM, 3 M zus abm, 6 fM = 15 M.

7. – 19. Runde: Mit Violett anschlingen, 1 fM in jede M.

Die Arbeit beenden und die Beine ausstopfen.

Körper (Cardigan)

Beide Beine mit den Füßen nach vorne und der Oberseite nach oben mit 1 Kettm in Violett in der inneren Mitte verbinden.

1. Runde: An der Kettm in der hinteren Mitte beginnen und 1 fM in jede M eines Beins, dann 1 fM in jede M des zweiten Beins = 30 M.

2. Runde: (4 fM, 2 fM in 1 M) 6x arb = 36 M.

3. Runde: (5 fM, 2 fM in 1 M) 6x arb = 42 M.

4. – 7. Runde: 1 fM in jede M.

8. – 11. Runde: Mit Gelb anschlingen und 1 fM in jede M.

12. Runde: (5 fM, 2 M zus abm) 6x arb = 36 M.

13. Runde: 1 fM in jede M.

14. Runde: (4 fM, 2 M zus abm) 6x arb = 30 M.

15. und 16. Runde: 1 fM in jede M.

17. Runde: (3 fM, 2 M zus abm) 6x arb = 24 M.

18. Runde: 14 fM in Gelb, 1 fM in Weiß, 9 fM in Gelb.
Die M in Weiß sollte sich genau in der vorderen Mitte des Körpers befinden. Falls nicht, die Position dieser M entsprechend korrigieren.

19. Runde: 14 fM in Gelb, 2 fM in Weiß, 8 fM in Gelb.

20. Runde: 14 fM in Gelb, 3 fM in Weiß, 7 fM in Gelb.

21. Runde: ([2 fM, 2 M zus abm] 3x arb, 2 fM) in Gelb, (2 M zus abm, 2 fM, 2 M zus abm) in Weiß, (2 fM, 2 M zus abm) in Gelb = 18 M.

22. Runde: 11 fM in Gelb, 5 fM in Weiß, 2 fM in Gelb.
Mit dem Ausstopfen des Körpers beginnen.

23. Runde: (1 fM, 2 M zus abm) 6x arb in Weiß = 12 M.
Die Arbeit beenden, das Fadenende lang genug zum Annähen lassen.

Knopfleiste

9 Luftm in Gelb anschlagen.

1. Reihe (Hinreihe): 1 fM in die 2. M ab der Nadel, 1 fM in jede M = 8 M.
Die Arbeit beenden, das Fadenende lang genug zum Annähen lassen.

Kittel

13 Luftm in Weiß anschlagen.

1. Reihe (Hinreihe): 1 fM in die 2. M ab der Nadel, 1 fM in jede M, wenden = 12 M.

2. Reihe: 1 Wende-Luftm (zählt nicht als M), (1 fM, 2 fM in 1 M) 6x arb, wenden = 18 M.

3. Reihe: 1 Luftm, 1 fM in jede M, wenden.

4. Reihe: 1 Luftm, (2 fM in 1 M, 2 fM) 6x arb, wenden = 24 M.

5. Reihe: 1 Luftm, 1 fM in jede M, wenden.

6. Reihe: 1 Luftm, (3 fM, 2 fM in 1 M) 6x arb, wenden = 30 M.

7. Reihe: 1 Luftm, 1 fM in jede M, wenden.

8. Reihe: 1 Luftm, (2 fM in 1 M, 4 fM) 6x arb, wenden = 36 M.

9. – 25. Reihe: 1 Luftm, 1 fM in jede M, wenden.

Die Arbeit beenden und die Fadenenden vernähen.

Kragen

Mit der Vorderseite nach oben wie folgt in den Häkelrand des Kittels arb: in Weiß mit 1 Kettm 8 Reihen vom oberen Rand des Kittels anschlingen (= rechtes Vorderteil), 1 fM in dieselbe M, 1 hStb, 1 Stb, 3 Luftm, 1 Kettm, 1 fM, 1 hStb, 2 Stb, dann 12 Stb in die Luftm-Schlinge der Anschlagskante des Kittels (= hinterer Halsausschnitt), dann in den Häkelrand des linken Vorderteils 2 Stb, 1 hStb, 1 fM, 1 Kettm, 3 Luftm, 1 Stb, 1 hStb, (1 fM, 1 Kettm) in dieselbe M.

Die Arbeit beenden und die Fadenenden vernähen.

Kitteltasche (2x)

6 Luftm in Weiß anschlagen.

1. Reihe: 1 fM in die 2. M ab der Nadel, 4 fM, wenden = 5 M.

2. – 5. Reihe: 1 Wende-Luftm (zählt nicht als M), 1 fM in jede M, wenden.

Die Arbeit beenden, das Fadenende lang genug zum Annähen lassen.

Arm (2x)

2 Luftm in Weiß anschlagen.

1. Runde: 5 fM in die 2. M ab der Nadel = 5 M.

2. Runde: 2 fM in jede M = 10 M.

3. Runde: (1 fM, 2 fM in 1 M) 5x arb = 15 M.

4. Runde: (2 fM, 2 fM in 1 M) 5x arb = 20 M.

Oberarm

5. Runde: 10 fM, 10 M auslassen = 10 M.

6. – 8. Runde: Nur in die eben behäkelten 10 M arb: 1 fM in jede M.

9. Runde: 1 fM in jede M, mit 1 Kettm in die 1. M zur Runde schießen.

Den oberen Rand flach zusammenlegen und nun durch die M beider Lagen arb: 1 Luftm, 3 fM, 2 M zus abm = 4 M.

Die Arbeit beenden, das Fadenende lang genug zum Annähen lassen.

Unterarm

5. Runde: Mit 1 Kettm in Weiß an der 1. unbehäkelten M der in der 4. Runde übersprungenen 10 M anschlingen und 1 fM in jede M = 10 M.

6. – 9. Runde: Nur in diese 10 M: 1 fM in jede M.

10. Runde: 1 fM in jede M, dabei stets in das vordere M-Glied arb, mit 1 Kettm in die 1. M zur Runde schließen.

Die Arbeit beenden, die kleine Öffnung in der Ellenbeuge schließen.

Hand (2x)

Mit 1 Kettm in Nougat an der 1. M des Unterarms neu anschlingen, dabei nur in das in der 10. Runde unbehäkelte hintere M-Glied arb, damit die letzte weiße Runde des Unterarms eine Manschette um den Ärmel bildet.

1. Runde: Alle M dieser Runde in das hintere M-Glied arb: 1 fM in jede M, mit 1 Kettm in die 1. M zur Runde schließen = 10 M.

Mit dem Füllen von Arm und Hand beginnen.

2. Runde: 3 Luftm, 1 fM in die 3. Luftm ab der Nadel, 1 Kettm, 8 fM, mit 1 Kettm in die 1. der gerade gehäkelten 8 M zur Runde schließen.

3. Runde: Den oberen Rand flach zusammenlegen und nun durch die M beider Lagen arb: 3 Luftm, 1 fM in die 2. M ab der Nadel, 1 fM, 1 Kettm in die 1. M, * 3 Luftm, 1 fM in die 2. M ab der Nadel, 1 fM, 1 Kettm, ab * noch 2x wdh.

Die Arbeit beenden und die Fadenenden vernähen.

Fliege

4 Luftm in Violett anschlagen, 2 fM in die 2. M ab der Nadel, 1 Luftm, 1 Kettm, 1 Luftm, (2 fM, 1 Kettm) in die letzte M.

Die Arbeit beenden, das Fadenende lang genug zum Annähen lassen.

Fertigstellen

Den Kopf fertig ausstopfen. Für die Lippen Kettenstiche in Nougat rings um den Mund aufsticken. Mit einem einzelnen Faden in Schwarz für die Zähne kleine Spannstiche um die Maschen im Mund herumsticken. Die Augen wie im Abschnitt *Besondere Maschen und Häkeltechniken* auf Seite 17 beschrieben häkeln und zwischen der 5. und 6. Runde des Kopfes dicht nebeneinander annähen. Die Nase an den Kopf nähen. Die Haare auf Höhe der 2. Runde an den Kopf nähen. Die Ohren auf der Höhe von Augen und Nase seitlich an den Kopf nähen. Mit jeweils 2 Spannstichen in Schwarz die Augenbrauen zwischen der 3. und 4. Runde des Kopfes aufsticken. Mit kleinen Spannstichen in Silber rings um die Augen eine quadratische Brillenfassung und seitlich jeweils einen Brillenbügel aufsticken.

Den Körper fertig ausstopfen. Dann den Kopf an den Körper nähen, dabei jeweils durch beide M-Glieder von Kopf und Körper stechen und vor dem Schließen bei Bedarf noch etwas Füllwatte für den Hals nachfüllen. Mit Gelb Kettenstiche um den Ausschnitt des Cardigans (= Körper) sticken. Die Knopfleiste senkrecht in der vorderen Mitte des Cardigans unterhalb des Ausschnitts annähen. Den Kittel um den Körper legen und mit ein paar Stichen oben fixieren. Die Arme 2 Runden unter dem Kittelkragen an den Kittel nähen. Die Kitteltaschen 3 Runden von unten und jeweils 3 Maschen vom Rand entfernt annähen. Die Fadenenden 3x um die Mitte der Fliege wickeln, verknoten und 1 Runde von oben in die Mitte des Körpers nähen. In Schokolade Kettenstiche rings um die Sohlen der Schuhe aufsticken.

MRS TWEEDY

EIN HERZLOSES, RAFFGIERIGES SCHEUSAL, DAS JEDES HUHN HASST …
GANZ BESONDERS GINGER.

Material
• Rico Design Creative Ricorumi dk (100 % Baumwolle, LL = 58 m/25 g): je 25 g in Rosa, Koralle, Terracotta, Burgunder und jeweils ein Rest in Schwarz, Weiß, Schoko und Aqua

• Füllwatte

Nadeln
• eine Häkelnadel 2,5 mm

Größe
• ca. 24 cm hoch

Anleitung

Kopf
2 Luftm in Rosa anschlagen.
1. Runde: 6 fM in die 2. M ab der Nadel = 6 M.
2. Runde: 2 fM in jede M = 12 M.
3. Runde: (1 fM, 2 fM in 1 M) 6x arb = 18 M.
4. – 7. Runde: 1 fM in jede M.
8. Runde: 6 fM in Rosa, 1 fM in Schwarz, 4 fM in Weiß, 1 fM in Schwarz, 6 fM in Rosa.
9. Runde: 6 fM in Rosa, 6 fM in Weiß, 6 fM in Rosa.
Mit dem Füllen des Kopfes beginnen.
10. Runde: (2 M zus abm) 9x arb = 9 M.
11. und 12. Runde: 1 fM in jede M.
Die Arbeit beenden.

Nase
2 Luftm in Rosa anschlagen.
1. Runde: 5 fM in die 2. M ab der Nadel = 5 M.
2. Runde: 1 fM in jede M.
Die Arbeit beenden, das Fadenende lang genug zum Annähen lassen.

Ohr (2x)

2 Luftm in Rosa anschlagen.

1. Runde: 4 fM in die 2. M ab der Nadel, mit 1 Kettm in die 1. M zur Runde schließen = 4 M.

Die Arbeit beenden, das Fadenende lang genug zum Annähen lassen.

Dutt

2 Luftm in Schoko anschlagen.

1. Runde: 7 fM in die 2. M ab der Nadel = 7 M.

2. Runde: 2 fM in jede M = 14 M.

3. Runde: (1 fM, 2 fM in 1 M) 7x arb = 21 M.

4. und 5. Runde: 1 fM in jede M.

6. Runde: (1 fM, 2 M zus abm) 7x arb = 14 M.

7. Runde: (2 M zus abm) 7x arb = 7 M.

Die Arbeit beenden, das Fadenende lang genug zum Annähen lassen.

Haare

2 Luftm in Schoko anschlagen.

1. Runde: 6 fM in die 2. M ab der Nadel = 6 M.

2. Runde: 2 fM in die 1. M, (2 fM in 1 M) 3x arb, (1 fM, 1 hStb) in 1 M, (1 hStb, 1 fM) in 1 M, mit 1 Kettm in die 1. M zur Runde schließen = 12 M.

Nun in Reihen weiterarb.

1. Reihe: 1 Luftm, (1 fM, 2 fM in 1 M) 4x arb, die letzten 4 M auslassen, wenden = 12 M.

2. und 3. Reihe: 1 Luftm, 12 fM, wenden.

4. Reihe: 2 Kettm, 1 Luftm, 8 fM, die letzten 2 M auslassen, wenden = 8 M.

5. – 7. Reihe: 1 Luftm, 8 fM, wenden.

Die Arbeit beenden, das Fadenende lang genug zum Annähen lassen.

Bein (2x)

6 Luftm in Koralle anschlagen.

1. Runde: 2 fM in die 2. M ab der Nadel, 3 fM, 3 fM in 1 M, die Arbeit drehen und in die Unterseite der Luftm-Kette 1 fM in 1 M, 2 fM, 1 fM in dieselbe Luftm wie die ersten 2 fM = 12 M.

2. Runde: Alle M dieser Runde in das hintere M-Glied arb: (2 fM in 1 M) 2x arb, 3 fM, (2 fM in 1 M) 3x arb, 3 fM, 2 fM in 1 M = 18 M.

3. Runde: 1 fM in jede M.

4. Runde: 7 fM, (2 M zus abm) 3x arb, 5 fM = 15 M.

5. Runde: 6 fM, (2 M zus abm) 3x arb, 3 fM = 12 M.

6. Runde: 6 fM, 3 M zus abm, 3 fM = 10 M.

7. – 13. Runde: 1 fM in jede M.

14. Runde: 1 fM in jede M, mit 1 Kettm in das vordere M-Glied der 1. M zur Runde schließen.

Die Arbeit beenden den Stiefel ausstopfen.

15. Runde: Alle M dieser Runde in das hintere M-Glied arb: Mit 1 Kettm in Terracotta in der hinteren Mitte des Stiefels anschlingen, 1 fM in jede M.

16. – 26. Runde: 1 fM in jede M.

Die Arbeit beenden und die Beine füllen.

Körper

Beide Beine mit den Füßen nach vorne und der Oberseite nach oben mit 1 Kettm in Terracotta in der inneren Mitte verbinden.

1. Runde: An der Kettm in der hinteren Mitte beginnen und 1 fM in jede M eines Beins, dann 1 fM in jede M des zweiten Beins = 20 M.

2. Runde: (4 fM, 2 fM in 1 M) 4x arb = 24 M.

3. – 6. Runde: 1 fM in jede M.

7. Runde: Mit 1 Kettm in Burgunder anschlingen, 1 fM in jede M.

8. Runde: 1 fM in jede M, dabei in das hintere M-Glied arb.

9. – 15. Runde: 1 fM in jede M.

16. Runde: (6 fM, 2 M zus abm) 3x arb = 21 M.

Mit dem Füllen des Körpers beginnen.

17. Runde: (5 fM, 2 M zus abm) 3x arb = 18 M.

18. Runde: (2 M zus abm) 9x arb = 9 M.

Die Arbeit beenden, das Fadenende lang genug zum Annähen lassen.

Kragen

17 Luftm in Burgunder anschlagen.
1. Reihe (Hinreihe): 1 hStb in die 3. M ab der Nadel, 1 hStb in jede M = 15 M.
Die Arbeit beenden, das Fadenende lang genug zum Annähen lassen.

Rock

Mit den Beinen nach hinten und der Rückseite des Körpers nach oben mit 1 Kettm in Burgunder an dem 1. unbehäkelten M-Glied zwischen der 7. und 8. Runde des Körpers anschlingen.
1. Runde: 1 fM in jede M, dabei in das vordere M-Glied arb = 24 M.
2. Runde: (7 fM, 2 fM in 1 M) 3x arb = 27 M.
3. und 4. Runde: 1 fM in jede M.
5. Runde: (8 fM, 2 fM in 1 M) 3x arb = 30 M.
6. – 10. Runde: 1 fM in jede M.
Die Arbeit beenden und die Fadenenden vernähen.

Arm (2x)

8 Luftm in Burgunder anschlagen und mit 1 Kettm in die 1. M zur Runde schließen.
1. Runde: 1 fM in jede M = 8 M.
2. – 14. Runde: 1 fM in jede M.
15. Runde: 1 fM in jede M, dabei in das vordere M-Glied arb, um ein Bündchen zu bilden, mit 1 Kettm in die 1. M zur Runde schließen.
Die Arbeit beenden.

Linke Hand

Mit 1 Kettm in Terracotta an dem 1. unbehäkelten M-Glied der 14. Runde des Arms anschlingen, sodass die Hand unter dem Bündchen beginnt, das in der 15. Runde in die vorderen M-Glieder gehäkelt wurde.
1. Runde: 1 fM in jede M, dabei in das hintere M-Glied arb = 8 M.
2. Runde: (3 fM, 2 fM in 1 M) 2x arb, mit 1 Kettm in die 1. M zur Runde schließen = 10 M.
3. Runde: 3 Luftm, 1 fM in die 3. M ab der Nadel, 1 Kettm in 1 M. Den oberen Rand der letzten 8 M flach zusammenlegen und nun durch die M beider Lagen arb: 4 Luftm, 1 Kettm in die 2. M ab der Nadel, 2 Kettm, 1 Kettm in 1 M, * 4 Luftm, 1 Kettm in die 2. M ab der Nadel, 2 Kettm, 1 Kettm in 1 M, ab * noch 2x wdh.
Die Arbeit beenden und die Fadenenden vernähen.

Rechte Hand

Mit 1 Kettm in Terracotta an dem 1. unbehäkelten M-Glied der 14. Runde des Arms anschlingen, sodass die Hand unter dem Bündchen beginnt, das in der 15. Runde in die vorderen M-Glieder gehäkelt wurde.

1. Runde: 1 fM in jede M, dabei in das hintere M-Glied arb = 8 M.

2. Runde: (3 fM, 2 fM in 1 M) 2x arb, mit 1 Kettm in die 1. M zur Runde schließen = 10 M.

3. Runde: 3 Luftm, 1 fM in die 3. M ab der Nadel, 1 Kettm in 1 M, die Arbeit beenden. Den oberen Rand der letzten 8 M flach zusammenlegen und nun durch die M beider Lagen arb: die Hand wenden und mit 1 Kettm an der 1. M am anderen Ende anschlingen, 4 Luftm, 1 Kettm in die 2. M ab der Nadel, 2 Kettm, 1 Kettm in 1 M, * 4 Luftm, 1 Kettm in die 2. M ab der Nadel, 2 Kettm, 1 Kettm in 1 M, ab * noch 2x wdh.

Die Arbeit beenden und die Fadenenden vernähen.

Fertigstellen

Den Kopf fertig ausstopfen. Für die Lippen Kettenstiche in Rosa rings um den Mund aufsticken. Mit einem einzelnen Faden in Schwarz für die Zähne kleine Spannstiche um die Maschen im Mund herumsticken. Die Augen wie im Abschnitt *Besondere Maschen und Häkeltechniken* auf Seite 17 beschrieben häkeln und an der 5. Runde des Kopfes dicht nebeneinander annähen.

TIPP

Mrs. Tweedy sollte fest ausgestopft werden, damit sie nicht zu sehr schlenkert. Dabei aber nicht überfüllen.

Die Nase an den Kopf nähen. Die Haare auf Höhe der 2. Runde an den Kopf nähen. Den Dutt weich füllen und oben auf den Kopf nähen. 16 Luftm in Burgund anschlagen und mit 1 Kettm in die 1. M um den Dutt herum als Haarband zur Runde schließen, die Arbeit beenden, hinten mit einem Stich annähen und die Fadenenden vernähen. Mit 2 schrägen Spannstichen in Schoko die Augenbrauen aufsticken. Mit Aqua je 1 Spannstich als Lidschatten über die Augen sticken.

Die Ohren auf der Höhe von Augen und Nase seitlich an den Kopf nähen. Den Körper fertig ausstopfen. Dann den Kopf an den Körper nähen, dabei jeweils durch beide M-Glieder von Kopf und Körper stechen und vor dem Schließen bei Bedarf noch etwas Füllwatte für den Hals nachfüllen. Die Arme füllen, die Oberseite flach zusammenlegen und 2 Runden von oben an den Körper nähen. Den Kragen 1 Runde von oben rings um an den Körper nähen und die beiden Enden in der hinteren Mitte schließen.

NICK

GUTHERZIG, ZWAR NICHT DIE HELLSTE KERZE AUF DER TORTE, ABER ANFÜHRER DES RATTEN-DUOS

Material
- Rico Design Creative Ricorumi dk (100 % Baumwolle, LL = 58 m/25 g): je 25 g in Khaki, Gelb und Denim und jeweils ein Rest in Schwarz, Rosarot, Weiß und Silber
- Füllwatte

Nadeln
- eine Häkelnadel 2,5 mm

Größe
- ca. 15 cm hoch

Anleitung

Kopf (unsichtbare Abnahmen arb – siehe Seite 11)
2 Luftm in Khaki anschlagen.
1. Runde: 7 fM in die 2. M ab der Nadel = 7 M.
2. Runde: 2 fM in jede M = 14 M.
3. – 7. Runde: 1 fM in jede M.
8. Runde: 2 fM, 2 fM in 1 M, 3 fM in 1 M, 2 fM in 1 M, 4 fM, 2 fM in 1 M, 3 fM in 1 M, 2 fM in 1 M, 2 fM = 22 M.
9. Runde: 7 fM in Khaki, 8 fM in Schwarz, 7 fM in Khaki.
10. Runde: 2 fM, 2 M zus abm, 3 M zus abm, 2 M zus abm, 4 fM, 2 M zus abm, 3 M zus abm, 2 M zus abm, 2 fM = 14 M.
Mit dem Füllen des Kopfes beginnen
11. Runde: 13 fM, 2 fM in die letzte M = 15 M.
Die Arbeit beenden, das Fadenende lang genug zum Annähen lassen.

Nase

2 Luftm in Khaki anschlagen.

1. Runde: 6 fM in die 2. M ab der Nadel = 6 M.

2. Runde: (2 fM, 2 fM in 1 M) 2x arb = 8 M.

3. und 4. Runde: 1 fM in jede M.

Die Arbeit beenden, das Fadenende lang genug zum Annähen lassen.

Ohr (2x)

2 Luftm in Khaki anschlagen.

1. Runde: 7 fM in die 2. M ab der Nadel, mit 1 Kettm in die 1. M zur Runde = 7 M.

Die Arbeit beenden, das Fadenende lang genug zum Annähen lassen.

Bein (2x)

5 Luftm in Khaki anschlagen.

1. Runde: 2 fM in die 2. M ab der Nadel, 2 fM, 3 fM in 1 M, die Arbeit drehen und in die Unterseite der Luftm-Kette 1 fM in 1 M, 1 fM, 1 fM in dieselbe M wie die ersten 2 fM = 10 M.

2. Runde: (2 fM in 1 M) 2x arb, 2 fM, (2 fM in 1 M) 3x arb, 2 fM, 2 fM in 1 M = 16 M.

3. Runde: 1 fM in jede M.

4. Runde: 6 fM, (2 M zus abm) 3x arb, 4 fM = 13 M.

5. Runde: 5 fM, (2 M zus abm) 3x arb, 2 fM = 10 M.

6. Runde: Mit Gelb anschlingen, 5 fM, 3 M zus abm, 2 fM = 8 M.

7. – 11. Runde: 1 fM in jede M.

Die Arbeit beenden und die Beine ausstopfen.

Körper

Beide Beine mit den Füßen nach vorne und der Oberseite nach oben mit 1 Kettm in Gelb in der inneren Mitte verbinden.

1. Runde: An der Kettm in der hinteren Mitte beginnen und 1 fM in jede M eines Beins, dann 1 fM in jede M des zweiten Beins = 16 M.

2. Runde: (1 fM, 2 fM in 1 M) 8x arb = 24 M.

3. Runde: (3 fM, 2 fM in 1 M) 6x arb = 30 M.

4. – 7. Runde: 1 fM in jede M.

8. – 9. Runde: Mit Denim anschlingen, 1 fM in jede M.

10. Runde: (3 fM, 2 M zus abm) 6x arb = 24 M.

11. Runde: 1 fM in jede M.

12. Runde: (6 fM, 2 M zus abm) 3x arb = 21 M.

13. Runde: 1 fM in jede M.

Mit dem Füllen des Körpers beginnen.

14. Runde: (5 fM, 2 M zus abm) 3x arb = 18 M.

15. Runde: (4 fM, 2 M zus abm) 3x arb = 15 M.

Die Arbeit beenden.

Hemdkragen

Mit dem oberen Rand des Halses nach vorne und der Vorderseite des Körpers nach oben mit 1 Kettm in Denim in der 15. Runde des Körpers an der 2. M rechts der Mitte anschlingen, dabei nur in das vordere M-Glied einstechen und nun weiterhin wie folgt nur in das vordere M-Glied arb: 1 fM in dieselbe M, 2 hStb in 1 M, 2 Luftm, 1 Kettm in die nächste M, 2 Luftm, 2 hStb in 1 M, 1 fM, 1 Kettm in dieselbe M, die übrigen M unbehäkelt lassen.
Die Arbeit beenden und die Fadenenden vernähen.

Jacke

16 Luftm in Gelb anschlagen.
1. Reihe (Hinreihe): 1 fM in die 2. M ab der Nadel, 1 fM in jede M, wenden = 15 M.
2. Reihe: 1 Wende-Luftm (zählt nicht als M), (4 fM, 2 fM in 1 M) 3x arb, wenden = 18 M.
3. Reihe: 1 Luftm, (5 fM, 2 fM in 1 M) 3x arb, wenden = 21 M.
4. Reihe: 1 Luftm, (6 fM, 2 fM in 1 M) 3x arb, wenden = 24 M.
5. Reihe: 1 Luftm, (7 fM, 2 fM in 1 M) 3x arb, wenden = 27 M.
6. Reihe: 1 Luftm, (8 fM, 2 fM in 1 M) 3x arb, wenden = 30 M.
7. Reihe: 1 Luftm, (9 fM, 2 fM in 1 M) 3x arb, wenden = 33 M.
8. Reihe: 1 Luftm, (10 fM, 2 fM in 1 M) 3x arb, wenden = 36 M.
9. – 10. Reihe: 1 Luftm, 1 fM in jede M, wenden.
11. Reihe: 1 Luftm, 2 M zus abm, 10 fM, 2 M zus abm, 8 fM, 2 M zus abm, 10 fM, 2 M zus abm,
wenden = 32 M.
12. Reihe: 1 Luftm, 2 M zus abm, 6 fM, 16 Kettm, 6 fM, 2 M zus abm, wenden = 30 M einschließlich Kettm.
Die Arbeit beenden und die Fadenenden vernähen.

Kragen der Jacke

Mit der Vorderseite nach oben wie folgt am Häkelrand des rechten Vorderteils der Jacke beginnen: Mit 1 Kettm in Gelb 8 Reihen vom oberen Rand entfernt anschlingen, 1 fM in dieselbe M, 1 HStb, 3 Stb, 3 Luftm, 1 Kettm, 1 fM, 1 hStb, die Arbeit drehen und in die Unterseite der Luftm-Kette (= hinterer Halsausschnitt) 15 hStb, die Arbeit drehen und in den Häkelrand des linken Vorderteils der Jacke: 1 hStb, 1 fM, 1 Kettm, 3 Luftm, 3 Stb, 1 hStb, 1 fM, 1 Kettm in dieselbe M.
Die Arbeit beenden und die Fadenenden vernähen.

Arm (2x)

8 Luftm in Gelb anschlagen und mit 1 Kettm in die 1. M zur Runde schließen.

1. Runde: 1 fM in jede M = 8 M.

2. – 10. Runde: 1 fM in jede M.

11. Runde: 1 fM in jede M, dabei in das vordere M-Glied arb, um ein Bündchen zu bilden, mit 1 Kettm in die 1. M zur Runde schließen. Die Arbeit beenden.

Linke Hand

Mit 1 Kettm in Khaki an dem 1. unbehäkelten M-Glied der 10. Runde des Arms anschlingen, sodass die Hand unter dem Bündchen beginnt, das in der 11. Runde in die vorderen M-Glieder gehäkelt wurde.

1. Runde: 1 fM in jede M, dabei in das hintere M-Glied arb = 8 M.

2. Runde: 3 Luftm, 1 fM in die 3. M ab der Nadel, 1 Kettm in 1 M, 6 fM, mit 1 Kettm in die 1. M der letzten 6 fM zur Runde schließen.

3. Runde: Den oberen Rand der letzten 6 M (= Hand) flach zusammenlegen und nun durch die M beider Lagen arb: 3 Luftm, 1 fM in die 2. M ab der Nadel, 1 fM, 1 Kettm in 1. M, * 3 Luftm, 1 fM in die 2. M ab der Nadel, 1 fM, 1 Kettm in 1 M, ab * noch 1x wdh. Die Arbeit beenden und die Fadenenden vernähen.

Rechte Hand

Mit 1 Kettm in Khaki an dem 1. unbehäkelten M-Glied der 10. Runde des Arms anschlingen, sodass die Hand unter dem Bündchen beginnt, das in der 11. Runde in die vorderen M-Glieder gehäkelt wurde.

1. Runde: 1 fM in jede M, dabei in das hintere M-Glied arb = 8 M.

2. Runde: 3 Luftm, 1 fM in die 3. M ab der Nadel, 1 Kettm in 1 M, 6 fM, mit 1 Kettm in die 1. M der letzten 6 fM zur Runde schließen. Die Arbeit beenden.

3. Runde: Den oberen Rand der letzten 6 M (= Hand) flach zusammenlegen und nun durch die M beider Lagen arb: die Hand wenden und mit 1 Kettm an der 1. M am anderen Ende anschlingen, * 3 Luftm, 1 fM in die 2. M ab der Nadel, 1 fM, 1 Kettm in die nächste M, ab * noch 2x wdh, 1 Kettm in dieselbe M wie die letzte Kettm. Die Arbeit beenden und die Fadenenden vernähen.

Schwanz

19 Luftm in Rosarot anschlagen, 1 Kettm in die 2. M ab der Nadel, 17 Kettm. Die Arbeit beenden, das Fadenende lang genug zum Annähen lassen.

Reißverschluss

Teil 1: 8 Luftm in Silber anschlagen. Die Arbeit beenden, das Fadenende lang genug zum Annähen lassen.

Teil 2: 4 Luftm in Silber anschlagen.

1. Reihe: 1 Stb in die 3. M ab der Nadel, 3 Luftm, 1 Kettm in dieselbe M wie das 1. Stb. Die Arbeit beenden, das Fadenende lang genug zum Annähen lassen.

Fertigstellen

Den Kopf fertig ausstopfen. Für die Lippen Kettenstiche in Khaki rings um den Mund aufsticken. Mit Weiß 2 Zähne aus kleinen Spannstichen aufsticken. Die Augen wie im Abschnitt *Besondere Maschen und Häkeltechniken* auf Seite 17 beschrieben häkeln und zwischen der 4. und 5. Runde des Kopfes dicht nebeneinander annähen. Die Nase ausstopfen und am Kopf annähen. Auf der Nasenspitze 1 dicken Knötchenstich in Schwarz aufsticken, dazu den Faden 8x um die Nadel wickeln und dicht neben der Ausstichstelle wieder einstechen (siehe Seite 112). Die Ohren auf der Höhe von Augen und Nase seitlich an den Kopf nähen. Für das Innere der Ohren (2x) 3 Luftm in Rosarot anschlagen, mit 1 Kettm in die 1. M zur Runde schließen und auf die Vorderseite jeweils eines Ohrs nähen.

Den Körper fertig ausstopfen. Dann den Kopf an den Körper nähen, dabei jeweils durch beide M-Glieder von Kopf und Körper stechen und vor dem Schließen bei Bedarf noch etwas Füllwatte für den Hals nachfüllen. Den Reißverschluss in der vorderen Mitte auf das Hemd nähen. Die Jacke um den Körper legen und mit einigen Stichen am oberen Rand mit Gelb und in der vorderen Mitte mit Silber annähen. Die Arme füllen, die Oberseite flach zusammenlegen und 2 Runden unter dem Jackenkragen an Jacke und Körper annähen. Mit Rückstichen in Denim ein „E" und ein „R" auf das rechte Vorderteil und eine auf dem Kopf stehende „50" auf das linke Vorderteil sticken. Den Schwanz in die hintere Mitte zwischen die 3. und 4. Runde des Körpers nähen. Mit

FETCHER

DER PUTZIGE, ABER NOCH BEGRIFFSSTUTZIGERE HANDLANGER VON NICK

Material

• Rico Design Creative Ricorumi dk (100 % Baumwolle, LL = 58 m/25 g): je 25 g in Khaki, Fuchs, Grün und Pastellgrün und jeweils ein Rest in Schwarz, Rosarot, Hellgelb, Weiß und Pistazie

• Füllwatte

Nadeln

• eine Häkelnadel 2,5 mm

Größe

• ca. 16 cm hoch

Anleitung

Kopf (unsichtbare Abnahmen arb – siehe Seite 11)

2 Luftm in Khaki anschlagen.

1. Runde: 7 fM in die 2. M ab der Nadel = 7 M.

2. Runde: 2 fM in jede M = 14 M.

3. – 6. Runde: 1 fM in jede M.

7. Runde: 2 fM, 2 fM in 1 M, 3 fM in 1 M, 2 fM in 1 M, 4 fM, 2 fM in 1 M, 3 fM in 1 M, 2 fM in 1 M, 2 fM = 22 M.

8. Runde: (5 fM, 2 fM in 1 M, 1 fM) in Khaki, 8 fM in Schwarz, (1 fM, 2 fM in 1 M, 5 fM) in Khaki = 24 M.

9. Runde: 2 fM, 2 M zus abm, (3 M zus abm) 2x arb, 4 fM, (3 M zus abm) 2x arb, 2 M zus abm, 2 fM = 14 M.

Mit dem Füllen des Kopfes beginnen

10. Runde: (1 fM, 2 M zus abm) 4x arb, 2 M zus abm = 9 M.

11. und 12. Runde: 1 fM in jede M.

Die Arbeit beenden.

Nase

2 Luftm in Khaki anschlagen.

1. Runde: 6 fM in die 2. M ab der Nadel = 6 M.

2. Runde: (2 fM, 2 fM in 1 M) 2x arb = 8 M.

3. – 5. Runde: 1 fM in jede M.

6. Runde: (2 fM, 2 M zus abm) 2x arb = 6 M.

Die Arbeit beenden, das Fadenende lang genug zum Annähen lassen.

Ohr (2x)

2 Luftm in Khaki anschlagen.

1. Runde: 7 fM in die 2. M ab der Nadel, mit 1 Kettm in die 1. M zur Runde = 7 M.

Die Arbeit beenden, das Fadenende lang genug zum Annähen lassen.

Bein (2x)

5 Luftm in Khaki anschlagen.

1. Runde: 2 fM in die 2. M ab der Nadel, 2 fM, 3 fM in 1 M, die Arbeit drehen und in die Unterseite der Luftm-Kette 1 fM in 1 M, 1 fM, 1 fM in dieselbe M wie die ersten 2 fM = 10 M.

2. Runde: (2 fM in 1 M) 2x arb, 2 fM, (2 fM in 1 M) 3x arb, 2 fM, 2 fM in 1 M = 16 M.

3. Runde: 1 fM in jede M.

4. Runde: 6 fM, (2 M zus abm) 3x arb, 4 fM = 13 M.

5. Runde: 5 fM, (2 M zus abm) 3x arb, 2 fM = 10 M.

6. Runde: Mit Fuchs anschlingen, 5 fM, 3 M zus abm, 2 fM = 8 M.

7. – 11. Runde: 1 fM in jede M.

Die Arbeit beenden und die Beine ausstopfen.

Körper

Beide Beine mit den Füßen nach vorne mit 1 Kettm in Fuchs in der inneren Mitte verbinden.

1. Runde: An der Kettm in der hinteren Mitte beginnen und 1 fM in jede M eines Beins, dann 1 fM in jede M des zweiten Beins = 16 M.

2. Runde: (3 fM, 2 fM in 1 M) 4x arb = 20 M.

3. Runde: (4 fM, 2 fM in 1 M) 4x arb = 24 M.

4. Runde: 1 fM in jede M.

5. – 8. Runde: Mit Grün anschlingen, 1 fM in jede M.

9. Runde: (6 fM, 2 M zus abm) 3x arb = 21 M.

10. Runde: 1 fM in jede M.

Mit dem Füllen des Körpers beginnen.

11. Runde: (5 fM, 2 M zus abm) 3x arb = 18 M.

12. Runde: 1 fM in jede M.

13. Runde: (4 fM, 2 M zus abm) 3x arb = 15 M.

14. Runde: 9 fM in Grün, 1 fM in Pastellgrün, 5 fM in Grün.

Die M in Pastellgrün sollte sich genau in der vorderen Mitte des Körpers befinden. Falls nicht, die Position dieser M entsprechend korrigieren.

15. Runde: (3 fM, 2 M zus abm, 3 fM) in Grün, (2 M zus abm, 1 fM) in Pastellgrün, (2 fM, 2 M zus abm) in Grün = 12 M.

16. Runde: (2 fM, 2 M zus abm, 2 fM) in Grün, (2 M zus abm, 2 fM) in Pastellgrün, 2 M zus abm in Grün = 9 M.

Die Arbeit beenden, das Fadenende lang genug zum Annähen lassen.

Arm (2x)

8 Luftm in Pastellgrün anschlagen und mit 1 Kettm in die 1. M zur Runde schließen.

1. Runde: 1 fM in jede M = 8 M.

2. – 10. Runde: 1 fM in jede M.

11. Runde: 1 fM in jede M, dabei für das Ärmelbündchen stets in das vordere M-Glied arb, mit 1 Kettm in die 1. M zur Runde schließen.

Die Arbeit beenden.

Linke Hand

Mit 1 Kettm in Khaki an dem 1. unbehäkelten M-Glied der 10. Runde des Arms anschlingen, sodass die Hand unter dem Bündchen beginnt, das in der 11. Runde in die vorderen M-Glieder gehäkelt wurde.

1. Runde: 1 fM in jede M, dabei in das hintere M-Glied arb = 8 M.

2. Runde: 3 Luftm, 1 fM in die 3. M ab der Nadel, 1 Kettm in 1 M, 6 fM, mit 1 Kettm in die 1. M der letzten 6 fM zur Runde schließen.

3. Runde: Den oberen Rand der letzten 6 M (= Hand) flach zusammenlegen und nun durch die M beider Lagen arb: 3 Luftm, 1 fM in die 2. M ab der Nadel, 1 fM, 1 Kettm in 1. M, * 3 Luftm, 1 fM in die 2. M ab der Nadel, 1 fM, 1 Kettm in 1 M, ab * noch 1x wdh.

Die Arbeit beenden und die Fadenenden vernähen.

Rechte Hand

Mit 1 Kettm in Khaki an dem 1. unbehäkelten M-Glied der 10. Runde des Arms anschlingen, sodass die Hand unter dem Bündchen beginnt, das in der 11. Runde in die vorderen M-Glieder gehäkelt wurde.

1. Runde: 1 fM in jede M, dabei in das hintere M-Glied arb = 8 M.

2. Runde: 3 Luftm, 1 fM in die 3. M ab der Nadel, 1 Kettm in 1 M, 6 fM, mit 1 Kettm in die 1. M der letzten 6 fM zur Runde schließen. Die Arbeit beenden.

3. Runde: Den oberen Rand der letzten 6 M (= Hand) flach zusammenlegen und nun durch die M beider Lagen arb: die Hand wenden und mit 1 Kettm an der 1. M am anderen Ende anschlingen, * 3 Luftm, 1 fM in die 2. M ab der Nadel, 1 fM, 1 Kettm in die nächste M, ab * noch 2x wdh, 1 Kettm in dieselbe M wie die letzte Kettm.

Die Arbeit beenden und die Fadenenden vernähen.

Schwanz

19 Luftm in Rosarot anschlagen, 1 Kettm in die 2. M ab der Nadel, 17 Kettm.

Die Arbeit beenden, das Fadenende lang genug zum Annähen lassen.

Hut

2 Luftm in Hellgelb anschlagen.

1. Runde: 5 fM in die 2. M ab der Nadel = 5 M.

2. Runde: 2 fM in jede M = 10 M.

3. Runde: (1 fM, 2 fM in 1 M) 5x arb = 15 M.

4. Runde: 1 Kettm in jede M, dabei in das hintere M-Glied arb.

Die Arbeit beenden und die Fadenenden vernähen.

Schlips

20 Luftm in Fuchs anschlagen.

Die Arbeit beenden, das Fadenende lang genug zum Annähen lassen.

Fertigstellen

Den Kopf fertig ausstopfen. Für die Lippen Kettenstiche in Khaki rings um den Mund aufsticken. Mit Weiß 2 Zähne aus kleinen Spannstichen aufsticken. Die Augen wie im Abschnitt *Besondere Maschen und Häkeltechniken* auf Seite 17 beschrieben häkeln und zwischen der 4. und 5. Runde des Kopfes dicht nebeneinander annähen. Die Nase ausstopfen und am Kopf annähen. Auf der Nasenspitze 1 dicken Knötchenstich in Schwarz aufsticken, dazu den Faden 6x um die Nadel wickeln und dicht neben der Ausstichstelle wieder einstechen (siehe Seite 112). Die Ohren auf der Höhe von Augen und Nase seitlich an den Kopf nähen. Für das Innere der Ohren (2x) 3 Luftm in Rosarot anschlagen, mit 1 Kettm in die 1. M zur Runde schließen und auf die Vorderseite jeweils eines Ohrs nähen. Den Hut auf Höhe der 1. Runde auf den Kopf nähen. Den Körper fertig ausstopfen. Dann den Kopf an den Körper nähen, dabei jeweils durch beide M-Glieder von Kopf und Körper stechen und vor dem Schließen bei Bedarf noch etwas Füllwatte für den Hals nachfüllen. Die Arme füllen, die Oberseite flach zusammenlegen und 1 Runde von oben an den Körper nähen. Den Schwanz in die hintere Mitte zwischen die 2. und 3. Runde des Körpers nähen. Mit Pistazie das Rautenmuster mit Rückstichen auf die Vorderseite des Shirts sticken. Den Schlips um den Hals schlingen und beide Enden mit den Fadenenden am Körper fixieren. Mit Schwarz für die Zehen 3 Spannstiche auf beide Fußspitzen sticken.

Knötchenstich

Von unten nach oben aus der gewünschten Stelle ausstechen und den Faden durchziehen. Den Faden so oft, wie in der Anleitung angegeben ist, um die Spitze der Sticknadel wickeln, knapp neben der Ausstichstelle wieder einstechen, den Faden durchziehen und das Knötchen leicht anziehen. Je häufiger der Faden um die Nadel gewickelt wird, desto größer fällt der Knötchenstich aus.